班級經營

——致勝實招與實習心情故事

鄭　麗　玉 編著

國立嘉義大學教育系教授

五南圖書出版公司 印行

自　序

　　輔導大五實習教師這一年非常辛苦，南北奔波，但他們是認真的一群，認真在教，也認真在學，有許多不錯的點子，師生互動當中激盪出火花，我亦受益良多。歲月的流轉，許多時候教到的是不甚用功的學生，少有令人心動的回饋，我幾乎已忘記當初選擇這條路的理想和熱情，剩下的只是責任感。然而讀他們的工作報告、實習教學檔案、心情故事，我又回想了起來。我希望為培育更多的良師盡一份力，因為那意味有更多的孩子有福，社會有變好的希望！

　　所以，決定將這一年的觀察所得，師生互動產生的點子，以及多年的教學心得和信念，整理出來，希望對初任教師惶恐的心情有所幫助。

　　本書分兩大部分，第一部分扼要的歸納了班級經營需注意的十二大方面，有理論原則的說明，然後各有實例舉隅供教師參考。這些實例大部分是實習教師或有經驗的教師實際應用上非常有效的方法，所以教師可直接參考使用，或者是把握了原則，以實例為據，變化或調整方法以適合自己的班級。本書的第二部分

是實習教師們這一年來的實習心得或心情故事，相信對初任教師會有所啟發，獲得心靈的支持。希望經由閱讀本書，可使初任教師都有成功的班級經營，很快地進入狀況，做個勝任的快樂教師，那被他們教的孩子就有福了。

　　本書的完成，見證了師生一年的共同成長。感謝我的學生們，也感謝蕭蘭婷小姐的慨然幫助打字！

鄭麗玉　謹識

九十年八月于嘉義大學

目　次

壹

致勝
實招篇

前　言

　　師範院校畢業的學生進入教職後，常感嘆在學校所學的太理論，不切實際，派不上用場。他們傳達給學弟妹的訊息是理論無用。理論真的無用嗎？理論是組織與澄清現象的觀察，為了幫助我們了解，甚而預測或控制一些現象。好的理論必是經過時空的考驗，才能得以保存下來。沒有理論基礎，就像高樓沒有穩固的地基，建在流沙上，是非常危險的。教師若不具任何的理論知識，僅依賴嘗試錯誤，那不僅很容易產生挫折感，而且更可能誤人子弟，造成一些傷害或不可挽回的錯誤而不自知。所以學術界的人必不同意理論無用論，但是實際從事教學工作的初任教師卻有截然不同的感受。問題出在哪裡？

　　忝為教育學院的教師，筆者曾問學生，「你們所學的理論是達到認知教學目標的知識層次，還是較高層的理解、應用層次，甚至更高層的分析、綜合、評鑑？」即使是最低的知識層次，所學的理論知識是否充分呢？不過，最大的問題可能還在不知如何轉化理論，將理論活用出來。理論是死的，教學的情境卻千變萬化。若對理論沒有原則上的理解，在應用時視情況作適當的變化和調整，就

很容易產生前述「理論無用」的感慨。因此，本書的第一部分──致勝實招篇，擬結合理論與實際在班級經營上的做法，每一招有原則上（或理論上）的說明，然後有實招舉隅或實際圖片為例。希望讀者在閱讀後，不僅有實例可參考，而且經由原則的掌握，可變化或自創新招，以適合自己的班級。

市面上有關班級經營的書玲瑯滿目，有關班級經營的事也千緯萬端，所以大多是洋洋灑灑、成篇累牘，有時反而不知教人從何參考起。有鑑於此，筆者從輔導大五實習教師的經驗中，乃整理歸納一些較基本的重要事項來呈現，簡潔扼要，希望能成為初任教師實際有用的手冊。本書引介的每一招雖有理論上的根據，但目的以實用為主，所以筆者不再引經據典，僅作原則上的說明，希望對理論沒有好感的人也能受益。實招舉隅則是實習教師或資深教師實際應用在班級頗有成效的方法，讀者可直接採用或參考加以變化。本書使用武俠招式的類比，除了暗含本書的目的，更希望本書對教師真正有助益，成為教師班級經營的寶典。

本書的第二部分──實習心情故事篇，收錄一些實習教師的心路歷程、實習心得或實習小故事，希望對新任教師有所啟發，達他山之石可以攻錯之效，也是面對挫折之餘於心有戚戚焉，加油打氣的良方。

教師的兩個主要工作──教學和班級經營，班級經營的成功是有效教學的基礎，然而一個吵鬧的班級也可能是因為教學太枯燥乏味或太難，兩者息息相關。假如教師檢討自己的教學沒有問題，難易適中，生動活潑，也善用教具、教法，然而班級卻吵鬧不休，致無法順利進行教學，那就請開始勤練下列各招吧！祝您成功！

訂定班級公約

在開學之初，宜明確訂定大家應該共同遵守的規範，作為維持教室秩序的準則。事前的強調，提醒學生注意，養成良好習慣，勝於日後不勝其擾的處理違規瑣事，方有利於教學或日常活動的順利進行。班級公約或班規訂定，在小學低年級，由於學生剛進入小學還不懂任何學校規矩，所以可由教師提出，然後向學生說明這些規約的意義與重要性。至中年級，教師則可以逐步放手，師生共同討論訂定班規。若良好的班風已經形成，則可完全由學生主導，全班討論制定班規，教師只居於輔導的立場。

訂定的班級公約或班規需合理、可行，是最基本、最重要的，故不宜太多，大概在十項以內。太多的規約，學生記不住，形同虛設，尤其年級越低，規約數應更少。這些是屬於明白的規定，數目不宜多；當然教室中還有許多其他規定，那就不是經由明白教導，而是經由學生違規時，教師的處理形成暗示，學生因而間接學得。

至於班級公約或班規的執行，教師可和學生共同討論一些獎懲辦法（參見下兩招，善用增強與慎用處罰），以督促學生遵守。

📖 實招舉隅

1.如圖一所示，惠玲老師一年級教室的班級公約，只有五條，

清楚明白。

2. 如圖二所示，佳瓶老師三年級教室的班規，由學生自行討論訂定，老師只給予一些意見。在上學期，佳瓶老師要求學生討論，定出班規。經過一學期的執行，頗有成效，學生對於自己定的班規，都能心服口服的遵守。到下學期，學生竟主動要求制定班規，自行找時間開會討論，老師僅給予一些意見。更難能可貴的是，學生也會共同討論這些規定的可行性及合理性。

3. 如圖三所示，詩盈老師三年級教室的生活公約，琅琅上口，有新詩味道，方便學生記憶。

☺圖一：惠玲老師一年級教室的班級公約（黃惠玲提供）

班級經營

☺圖二：佳瓶老師三年級教室的班規（陳佳瓶提供）

☺圖三：詩盈老師三年級教室的生活公約（鄭麗玉攝）

善用增強

　　雖然人本主義學派不贊成外在動機──獎懲的運用，但是凡是人，不管成人、小孩，都需要別人的獎勵。使用獎勵增強學生好的行為，效果顯著，學生為獲得獎勵會努力表現好行為。在改變行為上，採用增強正向行為要優於處罰負向行為，因為處罰有許多副作用（參見下招），而增強卻能使學生自願表現好行為。因此，要善用增強。

　　但是使用增強時要注意下列原則，方能有效：

📃 增強物是學生喜歡的

　　增強物必須是學生喜歡的。例如：假如學生表現良好，可以獲得一枝鉛筆。鉛筆對現在的孩子來說，可能沒有吸引力，因此不具有增強作用，反不如一張可愛的貼紙。所以教師逛文具店時，可以多蒐集一些可愛的貼紙。有些國外的貼紙，上面不只有可愛圖片，還有一些勉勵的話，如：「WAY TO GO！」（加油），「FANTASTIC！」（太棒了），「YOU DID IT!」（你做到了）……等（參見圖四），讓教師可視情境需要，送學生貼紙以作為獎勵。這不是很具有增強作用嗎？可惜臺灣的貼紙大部分都只有圖案，沒有文字。不過，教師也可以利用電腦，自製可愛的小圖案，上加任何適當的文字，作為獎勵卡。

加油！

加油！

太棒了！

你做到了！

超特別！

看起來很棒！

一級棒的讀者

超級讀者

☺圖四：有勉勵文字的可愛貼紙

　　然而畢竟不是每個學生的喜好相同，所以較有效的做法是建一獎勵庫，供學生選擇。教師可透過平日對學生的觀察，或者設計簡易問卷問學生，諸如：「你最喜歡的三樣東西是什麼？」「假如你有一百元可自由花用，你會買什麼？」「下課時間你最喜歡做的三件事是什麼？」「你最喜歡的班上活動是什麼？」……等，

來了解學生喜歡什麼東西或做什麼活動，作為獎勵庫的內容。獎品對中、低年級的學生可能較具有增強作用；對高年級學生，若獎品失去吸引力，則可多使用他們喜歡做的活動，作為增強物。

▤ 增強的是學生做得到的行為

曾有某一小學的做法是：學生表現良好可得一張乖寶寶卡，表現不良則扣一張乖寶寶卡，若學生沒有乖寶寶卡可以扣則接受處罰，累積一百張乖寶寶卡可以和校長合照。這個做法的問題出在哪裡？很多大學生認為和校長合照不具有增強作用。問題在於累積一百張乖寶寶卡不容易，因為當表現不良時還會被扣乖寶寶卡，所以和校長合照就失去增強作用。學生若還在乎乖寶寶卡，是因為身邊必須有一兩張乖寶寶卡以防表現不良時被處罰，而不是為了要和校長合照而努力表現良好。

▤ 小心不要增強到不良行為

受忽略的孩子常會故意做出一些違規行為，以吸引成人的注意。假如有學生故意犯錯以吸引教師的注意，則每當他調皮搗蛋時，教師就注意他、責備他，那麼無形中教師對他不良行為的注意（即使是責備或懲罰）就是一種增強。所以當教師意識到這種情形時，應停止對他不良行為的注意，忽視它，也就是採取所謂的「消弱作用」。使用「消弱作用」必須注意：(1)一旦使用，必須從頭到尾一致。若有時無法忍受，不能忽視該行為而再次斥責他，那就等於使用不定比率的增強時制，不良行為更難去除。(2)剛開始時，不良行為可能更嚴重，因為學生為吸引老師的注意，可能變本加厲。(3)與增強相對行為的方法合用較有效。例如：忽

視走動的行為而增強坐在位子上的行為。只要學生坐在位子上做功課就注意他、讚美他，讓他明白他表現良好更能吸引老師的注意和關心。

　　另有一種情況，假如學生表現不良行為是為挑戰教師權威，吸引同學注意，則教師不能忽視該行為，因為這樣不僅表示教師拿他沒辦法，而且更加深他在同學心目中的英雄形象（挑戰權威），所以會更助長不良行為的表現。這種情況最常出現在小學高年級及國中處於青春期的學生及學業成就低落的班級。青春期的學生由於生理急劇變化，身心失衡，內心充滿矛盾、衝突，想尋求獨立又不可得，所以個性變得叛逆，又亟需同儕的注意和認可，假如無法藉由學業獲得成就感，喜出風頭的學生就會藉由挑戰教師權威，一方面抒發內心的不滿，一方面獲得同學的注意和崇拜。處理這種行為並不容易，可能需要多管齊下，不限於使用行為主義學派的做法，譬如：發掘學生其他方面的長處，鼓勵其發展並獲得成就感；關心他、了解他內在的問題和需求；讓他有機會為同學服務以獲得同學的認可……等（可參考其他各招）。不過，這裡討論的是行為主義學派的做法，所以教師處理這種行為問題，可有兩種方法。一為採用「隔離」：將學生從增強他行為的環境中（內有許多同學的注意）暫時移開（參見下招）。另一為使用團體增強：假如小組表現良好，小組成員可獲得他們共同喜歡的獎勵（獎品或自由活動）。如此以團體的壓力約束小組成員的行為，不能因為自己違規而連累小組成員的利益。在這裡要注意的是，可以使用團體增強，但不可以使用團體處罰。在過去有所謂的「連坐法」，就是一人犯錯全體受罰，這是非常不公平、不合理的做法，沒有人可以為別人的行為負責；這不僅會造

班級經營

成學生之間的疏離，也會破壞師生之間的和諧。

另外要提的一點是，有些教師以愉快的刺激獎勵學生（即正增強），如前所述；但也有教師以去除不愉快的刺激作為獎勵（即負增強）。使用負增強，讓學生選擇他可以不必做平常他不喜歡做的事，如：上體育課時免跑操場一次，午睡時間免睡一次等。這些都是可以接受的做法，但有教師以免寫家課一次作為獎勵就不宜，因為雖然大部分學生不喜歡寫家課（所以很具有增強作用），但寫家課是學習的一部分，不必寫家課就可能影響學生該課的學習，而且這也暗含教師將寫家課視為不愉快的刺激，那又如何期望學生能愉快地寫家課？就像教師也不宜在學生違規時處罰學生寫家課多少遍，那只會使學生討厭寫家課！

宜配合具體的口頭讚美

有許多教育專家並不贊成使用太多的物質增強，因為那可能使學生太依賴外在增強物，變得功利，並不是真正發自內心的表現良好。所以教師增強學生時宜伴隨口頭讚美，視情況逐漸以社會性增強取代物質增強，而口頭讚美宜具體指出優點，不宜太籠統。如：「你說的很清楚」，而非只是「很好」，尤其對低年級的小朋友，這樣他們才知道老師讚美的是什麼樣的行為。（處罰也是一樣，須指明具體的行為，如：「你的吵鬧干擾到其他同學」，而非只是籠統的說：「你不乖，所以要處罰。」）最終，教師最好能喚起學生的榮譽感、成就感等內在增強，使學生自動表現好行為。

📖 實招舉隅

📄 小組競賽爬格子

全班分若干小組，然後在黑板的一隅畫格子。教師可讓小組從事常規或答題（或任何教師想增強的行為）競賽，只要表現良好的小組就可以往上爬一格，表現不好就降一格。爬到頂的小組成員每人可以獲得一張乖寶寶卡或榮譽卡（先登記於黑板上，於下課時頒發），然後該小組又回到原點開始爬起。要爬多少格到頂可獲乖寶寶卡，由教師根據自己學生的特性決定。原則是不要太難達到，以免失去增強作用。乖寶寶卡的累計採個別計算制，每個人除小組競賽可獲乖寶寶卡外，其他時候、其他地方個人表現良好也可獲得乖寶寶卡。累積多少張乖寶寶卡換什麼樣的獎品由學生自己選擇。如前所述，教師可建立一獎勵庫，內有大小獎品，小獎品需較少張乖寶寶卡，大獎品則需較多張。教師可將這些獎品（或活動）和所需乖寶寶卡張數列表，供學生選擇，也可以如宜靜和秀萍老師建一獎品櫃，將獎品實際陳列出來（參見圖五、圖六），對學生更具有吸引力。

小組競賽的辦法除在班導師的課堂中進行，也可讓科任老師延用，讓小組繼續爬格子，因為有時候學生只在導師的課中守秩序，在科任老師的課中則吵鬧不已。不過，每天所有小組都重新回到原點開始爬起，不管前一天爬到哪裡。

班級經營

　　獎品櫃是小朋友最常觀望的地方，因為裡
面都是他們想兌換的禮物！

◎圖五：宜靜老師五年級教室的獎品櫃（李宜靜提供）

叮噹百寶屋

大家別客氣，
只要你有足夠的點數，
百寶屋內的禮物隨你搬！

☺圖六：秀萍老師五年級教室的獎品櫃（許秀萍提供）

▤ 戳戳樂

　　可至夜市買由許多小格子組成的戳戳樂，每個小格子裡面放有不同的小獎品，上面糊了一張紙蓋住，戳開紙張才能得知小格子裡面的獎品。雖然裡面的獎品都很小（所以所費不多），但由於有好奇、期待戳到大獎的心理，所以非常刺激好玩，很具有增強作用。教師可規定累積三張或五張乖寶寶卡可玩一次戳戳樂。等所有格子都戳開後，教師可自製戳戳樂，放入獎品，再用紙張糊起來，重複使用此一戳戳樂的道具。為增加此法的趣味性，教師可放入寫有大小不等獎品的紙條，有「銘謝惠顧」，「再戳一次」，也有真正的大獎，以提升此法的刺激性與期待性。宜靜老師五年級的教室使用此法，效果非常好。學生即使戳到很小的獎品，也覺得很好玩，取笑別人的結果是自己戳到更小的獎品，學生因而樂此不疲。

慎用處罰

　　學生違規，教師最常使用的就是處罰，處罰可收立即禁止之效，但處罰不是萬靈丹，它也有許多副作用，如：常被處罰的學生會學到逃避該情境（如蹺課、逃學）；處罰會引起焦慮、害怕的情緒，使得教師、教室、教材等有關的人、事、物和不愉快的感覺聯結，變成討厭的刺激。而且處罰的效果往往是短暫的，更重要是，處罰不會使學生注意正向行為。因此，教育專家主張非不得已不使用處罰。然而，處於第一線教育工作的中、小學教師卻大多認為處罰有其必要性。為糾正學生違規行為，在實際的教育情境中有時確有需要使用處罰，但必須慎用。也就是，如何有效處罰使學生身心能不受傷害，卻能改過遷善？

　　有效的處罰宜注意下列原則：

▤ 處罰須讓學生心服口服

　　學校是教育場所，處罰學生不是為了報復，而是希望學生能心生警惕、知錯能改。因此處罰的規定須讓學生事先明白，學生違規後接受處罰心服口服並願意改過向上。若教師只為了出一時之氣而處罰學生，則不宜；為學生成績不好而處罰，也不宜。

▤ 處罰須公正，前後一致，且立即

　　處罰學生不能有差別待遇。不能有的學生違規要受罰，有的

則不必，那會讓學生心生不平，失去改過向上的目的。處罰學生也不能依教師心情好壞，應前後一致，否則會養成學生投機取巧的心理或無所適從。

處罰和增強一樣須具有立即性，讓學生的不良行為和處罰（優良行為則和增強）產生明確關聯，較易產生效果。

▤ 避免盛怒之下處罰學生

人在盛怒之下，容易失去理智，作出錯誤的判斷，所以教師宜避免盛怒之下處罰學生，以免造成處罰不當，傷害學生身心。教師宜以平靜的態度處罰學生，讓學生明白事理，知道老師是對事不對人（儘管處罰，老師還是愛他、關心他），如此學生才不會心生恐懼，害怕老師。

▤ 避免體罰

教育當局三令五申教師不可使用體罰，但仍有不少老師私下體罰學生。或許有些教師認為不使用體罰不足以遏止頑劣的學生，但是導正學生行為不是只有處罰一途（參見其他各招），而處罰也不是只有體罰一途，才能有效禁止不良行為。處罰有許多形式，基本上可分施予性（即處罰Ⅰ）和剝奪性（即處罰Ⅱ）處罰兩種。施予性處罰是施予學生不愉快的刺激，打罵即屬之。但是除了打罵，還有許多屬於不愉快的刺激，如勞動服務、掃廁所等。剝奪性處罰是剝奪學生愉快的刺激，如下課不准自由活動、不准上福利社等。由前招「善用增強」，調查得知哪些對學生是愉快的刺激，在此處予以剝奪，就是一種處罰。其效果有時對某些學生來說，可能比施予性處罰還要有效，因為不讓學生做他喜

歡做的事可能是非常痛苦的。所以，學生犯錯何必定要訴諸打罵體罰？還有許多的替代方式啊！況且體罰容易傷害學生身體，使學生心生怨懟，破壞師生關係，教師又有違法、挨告之虞，所以還是避免之為宜！

▣ 多使用建設性處罰

處罰可以不是負向的，根據學生違規的性質，可對學生作於人於己有利的建設性處罰。例如：學生打架，教師可在問明原由、協調後，處罰雙方互相替對方服務，或錯的一方為對的一方服務，以示懺悔，至於做什麼服務可由雙方達成協議；或者也可處罰雙方共同去完成一件事，使他們必須互相合作，如此可化干戈為玉帛，使學生由敵對狀態變成互相感謝的朋友。

學生若亂丟紙屑，破壞環境整潔，可罰他勞動服務，清掃該區域並做該區的環境糾察長一天，如此正向的對維護環境整潔作出貢獻。或者當學生犯錯並認錯後，由學生提出處罰自己的方法，當然這須經教師的認可，但也以服務別人為主。這樣，學生不僅「改過」，真的是「向善」！

有些教師以罰寫來處罰學生違規行為，如：有學生在教室大呼小叫，教師處罰其寫「我不要在教室大呼小叫」一百遍。這就不是建設性處罰，因為這會使學生討厭寫字，而不是「大呼小叫」的行為。另外，有教師使用剝奪性處罰，不准學生上其喜歡的體育課。偶一為之，或許可以，但若時常為之，就侵害到學生上課的權利。而且這種學生可能就只從上體育課獲得成就感，教師若一再剝奪其機會，可能益發使學生自暴自棄，失去向上的動力，所以不是恰當的處罰。

因此，教師若不得不處罰學生，也必須思考處罰是否恰當，具有建設性為宜！

目 與增強所要的行為合用

處罰大多時候只會讓學生注意負向行為，所以教師還必須教導正向行為，並在出現時增強之。如此一方面禁止不良行為，一方面增強優良行為，學生的行為就較易往好的方向改變。

目 實招舉隅

目 罰　站

這是許多老師經常使用的方法。假如學生在上課時不守規矩或不注意聽講，往往會被老師叫起來罰站。使用罰站必須注意的是：(1)學生是否藉罰站吸引大家的注意，若是，則不宜使用。(2)在座位上罰站是否會影響其他學生的注意力？所以最好讓學生罰站在教室後面或兩旁。(3)要讓學生有回座的機會。在讓學生站了一會兒後，發現他已專心聽講，可請他回答一個簡單的問題，答對則給予口頭獎勵並讓他回座，以鼓勵他專心上課。

文貞老師結合罰站和目前風行的「樂透彩」，做法是：如果上課太吵會中「頭彩」，「彩金」是下課時不能下課且要罰站，還必須告訴老師什麼地方做錯了。小朋友覺得很可怕，都說：「別人中頭彩樂哈哈，我們中頭彩苦哈哈！」

▣ 隔　離

　　屬於剝奪性處罰，將學生從增強其不當行為的環境中移走，等其願意遵守規則（或一段時間）後再移回來，是為隔離。例如：學生的不當行為可吸引同學的注意，因而妨礙全班上課，教師叫其至走廊或訓導處罰站（環境中同學的注意對其不當行為是種增強）。使用隔離時必須注意的是：(1)從該環境中移走對該生而言，是不是處罰？若不是處罰（該生本就不喜歡上課），則無效。(2)使用過程中，教師不宜訓斥或責罵，只須簡單的告訴該生移去指定地點。因為教師的訓斥（代表教師的注意）對該生可能是種增強。

　　（以上介紹的兩種處罰方式，並非鼓勵教師們使用，而是因有許多教師經常使用，在此特別提出，提醒教師使用時注意的事項。）

招式四

人性化管理

使用任何的獎懲方式管理教室常規，仍需以人性化管理為基礎，相輔相成，較易有效。教師對學生有愛心、耐心，關心學生，尊重學生，了解學生需求，對學生的要求合理，並和學生維持良好關係。如此當學生感受到教師的愛心，學生比較願意合作，教師在教室的任何作為就容易推動，秩序的管理也就事半功倍。取得學生合作，可說是一切班級經營的基礎；否則若學生心有不滿，不願意配合，教師即使有任何的高招也施展不了，遑論有效。

人性化的管理使教室的氣氛是溫馨和諧的，學生在如沐春風之下學習，行為在潛移默化之下逐漸變好，有時又何需有形的行為矯正？

📖 實招舉隅

📋 轉處罰為榮耀

美羿老師帶四年級學生到輔導室看卡通影片，原本要處罰不脫鞋子就踩進去及過程中吵鬧的學生留下來擦地板，但轉念一想，以證嚴法師的話訓勉小朋友：「小朋友，證嚴師公告訴我們，天下沒有我們不可原諒的人。這幾位不脫鞋子和吵鬧的小朋

友，下次一定會改過，我們原諒他們，好不好？」（註一）「好！」
「但是地板還是要擦，老師一個人擦太辛苦了，有誰願意幫忙？」
「我！我！我！」

結果美羿老師選了幾位小朋友留下幫忙，還答應沒選到的
人，下次會輪到他們擦，如此，擦地板的目的達到了，而且轉處
罰為幫老師做事的榮耀。由處罰的冰霜氣氛轉為幫忙老師的榮
耀，這樣的班級氣氛是溫馨的，師生之間的關係是和諧的。

純雅老師的做法有異曲同工之妙。她處罰違規的學生打掃久
未清掃的輔導室，掃完後，她覺得學生很辛苦，便請他們吃東
西。沒想到，以後學生竟一再詢問何時再打掃輔導室，絲毫無視
打掃的辛苦。在這裡，清掃環境的目的達到了，而且轉處罰的苦
差事為樂在其中，只因為事後老師請吃東西的一點點謝意表達！
師生之間的關係也是溫暖和諧的。

▤ 談心時間

教師一週可闢三、四個時段為談心時間，或利用早自習，或
利用午休時間皆可，凡有問題的學生皆可和老師預約談心。教師
也可主動找最近表現異常的學生聊天談心，藉以了解學生的近況
和問題，從而尋求解決的辦法，化解問題於初始的時候。

▤「我有話要說」時間

利用班會特別闢一個「我有話要說」時間，在此時間內任何
人都可針對班務說出心中的感覺而不會受處罰，亦即強調此時間

註一：筆者蒐集的小短文，出處已不可考，作者是陳美羿老師。

內有言論免責權，大家可以放心的說出心裡的話。教師可以接受學生的建議，作出調整；也可以不接受而提出答辯，但就是不能生氣。任何人都不能生氣，師生之間作一理性的雙向溝通。藉此，教師可及時化解學生心中的不滿，班務的推動自然較順利。

▤ 課業小天使及其他

惠玲老師讓許多課業方面表現優秀的小朋友，以自願的方式擔任國語小天使或數學小天使，認輔他們喜歡的同學，而不加干涉。但對於成績、人緣都不佳的小朋友，則請平常比較熱情開朗的小朋友當他的小天使。如此不僅小天使的專長可以發揮，被輔導的小朋友課業有所提升，而且學生的人際關係也有進展，真是一舉數得！

其實除了課業小天使，教師可發掘、鼓勵學生培養自己的專長，並發揮所長。有些小朋友課業不佳，接受小天使的輔導，但他可能在體育方面或美勞方面表現優秀，他就可當體育小天使或美勞小天使，輔導別人。這樣，每個人都有機會在某方面是別人的小天使，幫助別人，自己也很有成就感，尤其是課業不佳的小朋友對自己不再沒有信心，而整個班級氣氛是互相幫助的溫暖和諧。

▤ 愛心醫院

有時一對一的個別輔導不見成效，可藉助團體輔導的力量來幫助課業落後的學生。文貞老師設立了「自然科愛心醫院」，內設醫生、護士若干名（自然科成績較佳的學生），共同來診斷幫助自然科有問題的學生。老師充當院長，一次一位學生入院接受

診斷治療，獲得院長認可通過後，就可出院，輪到下一位學生入院接受治療。

這種方式學生覺得很有趣，搶著要入院接受輔導治療，而幫助別人的學生由於有個團隊可共同來商量如何幫助同學，因此不覺得苦。當同學被治愈後（即成績進步或不會的問題會了），還覺得很有成就感呢！

此法實施的效果非常好，所以文貞老師認為團體輔導比個別輔導更見成效！因此，有興趣的教師亦可根據自己班級的需要，仿效成立各科愛心醫院。

塑造氣氛，培養班風

一個班級若有良好的氣氛和班風，教師的教學和學生的學習定然是愉快和諧，秩序的管理不費力氣，學生的問題行為也少。所以塑造班級氣氛和培養班風是很重要的。教師希望什麼樣的班級氣氛和班風，就從建立學生什麼樣的行為習慣開始。如前招所述，教師若希望班級氣氛是溫暖和諧，教師就鼓勵學生互相幫助；若希望班風是樂觀進取，就鼓勵學生敗而不餒，樂觀進取。當學生逐漸建立好的行為習慣，優良的班級氣氛和班風就形成；好的班級氣氛和班風形成後，無形中就規範著學生的行為。所以，此時又何需各種管理行為的策略和方法？

除了前招——人性化管理能形成溫馨和諧的教室氣氛，尚有一些具體的做法來塑造優良的氣氛和班風，如下所述：

📄 實招舉隅

📋 訂班名、班訓

教師可和學生共同訂定班名、班訓，作為精神指標，並藉此塑造班風。例如：師生希望效法駱駝刻苦耐勞的精神，可將班名訂為「駱駝」，班訓訂為「吃苦耐勞」。許多小學班級以可愛的動物訂為班名，但教師最好引導學生訂出具有涵義的班名，而非

班級經營

只是為了新奇、可愛，如此才有助於班風的塑造。班名和班訓是有關連的，教師可向學生說明訂班名和班訓的意義，然後讓學生提議訂什麼班名及相對的班訓，每個提議得到充分的說明和討論後，再全班表決。當然教師希望塑造什麼樣的班風，可在說明時適度的引導和強調，學生最後的決定就不會太離譜。（小學的班名宜訂得具體化，中學的班名則可抽象化。）

▤ 用餐禮儀訓練

小朋友吃午餐時，常常非常吵鬧。惠玲老師為了讓一年級小朋友安靜吃飯，而且吃得多，其做法是：首先為了鼓勵小朋友多吃，每餐前必唱一首「吃飯歌」，歌詞如下：

> 加油加油打打氣，吃飯吃菜都可以，男生吃完變英俊，女生吃完變美麗。

簡單的幾句歌詞鼓舞了小朋友吃飯、吃菜的動機。另外，惠玲老師以衛生的觀點指導學生進食間不開口說話，雖然剛開始需要不斷提醒，但經過一段時間後，他們班小朋友吃飯時都靜悄悄的，只剩下播放的音樂聲。

如此，惠玲老師班級的良好用餐禮儀的班風就形成了。

▤ 靜思語教學

近年慈濟功德會在校園推動的證嚴法師靜思語教學，有很大的功效。淺白、富有哲理的靜思語，配合「生活與倫理」課的中心德目和相關的小故事，給學生深切的指引，潛移默化中改變學

生的氣質，化暴戾為祥和，學生的偏差行為慢慢減少了，班風也變好了。

靜思語教學有許多不同的方式。有些老師簡單的做法是：每天讀一句靜思語，講解意涵，讓小朋友寫心得。也有根據每週「生活與倫理」的中心德目，利用相關的小故事，引介適用的靜思語作為實踐規條，這樣讓學生明白靜思語的意涵和啟示，然後請學生自我反省，將實踐心得寫出來。也有讓學生將靜思語每天記在聯絡簿上，請家長共同鼓勵孩子實踐出來。總之，靜思語教學獲得廣大家長的迴響，不僅孩子改變，家長也跟著改變，親子關係變得更親密，而實施靜思語教學班級的小朋友也顯得比較謙和有禮。

▤ 讀書會

近年許多班級成立讀書會，培養學生主動閱讀的習慣。俗語說：「三日不讀書，便覺面目可憎」，「讀書在變化氣質」，學生藉由閱讀課外優良讀物（或世界經典名著），不僅增廣知識，對生命有較深的體認，而且無形中提升了生活的品味。淑純老師說得好：「閱讀經典的意義在於培養品味。有了品味後，我們心中有一把尺，會思考會衡量，也因而將孩子的品味建立出來後，我們將不再需要去提醒孩子什麼可以做可以看，什麼不可以做不可以看，因為他們已都會去思考和衡量，這就是讀書會的終極目的。」

處於今日資訊發達，一日千里，速食文化盛行的年代，孩子的眼睛目不暇給，生命流於膚淺庸俗，所以經由成立讀書會，讓孩子閱讀、思考和討論經典名著，對生命有深一層的體認，益發

顯得重要。在潛移默化中改變孩子的行為、氣質，形成良好的班風，教師還需憂慮班級常規和學生的行為問題嗎？

📖 小小圖書館

有些初任教師對於班級讀書會成立的若干問題，如：是否分組、學生是否自由選擇參加、希望學生學習些什麼……等，尚未釐清楚，在未有詳盡規劃之前不敢貿然實施讀書會。因此在班上先成立小小圖書館。宜靜老師鼓勵小朋友從家裡帶書籍來和同學分享，每個月月初舉行讀書心得發表會，藉此讓小朋友分享更多知識，並訓練作文、說話及組織歸納的能力。實施的成果還算不錯。

佳瓶老師為提高學生對閱讀的興趣，結合班上家長的力量，請學生捐出舊書，加上學校有時也提供一些書籍，成立了小小圖書館，由四位圖書股長管理。這四位圖書股長負責書籍的編碼、排列、分類和借閱，甚至為小小圖書館設計一些活動，鼓勵讀書。結果學生的圖書閱讀率很高，成效不錯。

📖510哈書會及其他

秀萍老師在其班上舉行的簡易讀書會，其流程如表一所示。這裡已有教師的導讀，使學生的閱讀更深入、更有系統。

☺表一：秀萍老師五年級班上的讀書會流程

510 哈書會

哈書計畫

日 期	書 名	作 者	出版社	類別
4/20	少年小樹之歌	佛瑞斯特・卡特	小知堂文化	小說
5/18	最後一片葉子	歐亨利	臺灣麥克	繪本
6/22	秘方、秘方、秘方	金曾豪	天衛文化	小說

哈書流程

一、哈書會長（導師）導讀，帶領哈書會員一步步進入書中另一個未知的世界。

二、510 開講：會長提出問題，會員們分組討論並進行發表。

三、首都大轟炸：

　　1. 會員事先在家準備問題。

　　2. 全班分為六組，各取一個首都為組名。

　　3. 第一道問題由會長發問，說完題目，指定要轟炸哪一個首都（例：東京）。

　　4. 東京組五秒內需回答問題，否則中彈一次。

　　5. 東京組回答完畢，換他們提問題指定轟炸。

　　6. 一組中彈五次即淪陷。

好書分享——有獎徵答

教師每隔兩天分享一本《大師名作繪本》（臺灣麥克），並將問題展示於布告欄，學生將答案填寫清楚投入摸彩箱中，教師於每週五公布答案並抽出全對的幸運兒給予獎勵。

班級經營

　　不過，更有組織的讀書會可能包括選書配合學校課程進行聯絡教學，發給學生閱讀學習單（如表二、三、四所列淑純老師班級讀書會配合四下社會科之臺灣民俗文藝，閱讀《媽媽上戲去》一書的學習單），然後討論與發表等。惠貞老師則結合家長的力量，組成班親會，由家長統籌策劃，負責選書、買書、繳費、設計活動內容、主持活動、攝影、記錄、選購獎品等，老師只在旁協助，故讀書會並不會造成教師太大負擔。在聚會前，經由親子共讀，讓孩子讀過整本書並熟悉書中內容；在聚會中，藉由引導式的題目或問話，使孩子有多樣性思考，學會聆聽不同的聲音，並增強了口語表達能力及上臺自信的神采。讀書會的影響在經年累月中發揮作用，已明顯可見其班級孩子的提升。

　　有興趣成立班級讀書會的教師，尚可參考林美琴（民 88）所著《兒童讀書會 DIY》一書，對如何成功經營兒童讀書會有明確具體的指導。

☺表二：淑純老師四年級班級讀書會學習單之一

班級讀書會——媽媽上戲去

活動單

四年＿＿班＿＿＿＿＿＿

一、故事中元元她家是一個傳統歌仔戲的家族式劇團，他們一天
　　的作息時間表是：

　　深夜——開車趕路。

　　凌晨——搬道具，睡戲臺。

　　天亮——收臥舖，整理戲箱。

　　中午——英嬸在＿＿＿＿＿＿煮飯。

　　午後——拜神明，迎＿＿＿＿＿＿。

　　下午——穿古裝，演＿＿＿＿＿，＿＿＿＿＿。

　　晚飯後——阿旺伯＿＿＿＿＿＿。

　　晚上——穿亮片裝，演＿＿＿＿＿。

　　散戲後——開往下一站。

二、民間廟會時，除了演野臺戲以外，還有哪些熱鬧好玩的活動？

　　＿＿＿＿＿；＿＿＿＿＿；＿＿＿＿＿；＿＿＿＿＿；＿＿＿＿＿；

三、「年蕭，月品，萬世弦」主要是說學習＿＿＿＿最難，需要好幾
　　年才能學得精熟。

四、「三分前場，七分後場」是形容＿＿＿＿＿＿的重要，它的樂器
　　包含有文場的＿＿＿＿＿，＿＿＿＿＿，＿＿＿＿＿和武場的
　　＿＿＿＿＿，＿＿＿＿＿，＿＿＿＿＿等。

五、閩南的歌仔戲傳入臺灣後，主要是在＿＿＿＿＿＿地區發展的，
　　它的祖師爺是＿＿＿＿＿＿。

六、歌仔戲的角色，可以分成＿＿＿＿＿，＿＿＿＿＿，＿＿＿＿＿，
　　＿＿＿＿＿等四大類。

七、你羨慕元元家的生活嗎？（請說出真心話）

八、請畫出一個你印象最深刻的歌仔戲人物的扮相。
　　（含臉部、服裝、道具等）

☺表三：淑純老師四年級班級讀書會學習單之二

《媽媽上戲去》──認識樂器

連連看

姓名：＿＿＿＿＿＿＿＿

請你把樂器的形狀和名稱連在一起，看看是否認識這些樂器！

月琴

鑼

班鼓

二胡

笙

鴨母笛

嗩吶

堂鼓

☺表四：淑純老師四年級班級讀書會學習單之三

《媽媽上戲去》──蒐集資料

歌仔戲專題研究

姓名：＿＿＿＿＿＿＿

　　小朋友：這本書的附錄「專家導讀」部分，有很多以前你一定不知道的事哦！請你根據據這本書中的資料，整理在下面表格吧！

1.歌仔戲是從哪裡發源的？
2.歌仔戲的形成與發展過程，簡單寫一下。
3.目前歌仔戲的現況是……
4.後場樂器有哪些？
5.歌仔戲的唱腔有哪些類別？
6.歌仔戲演員的造形是怎樣的？
7.歌仔戲「請戲」有什麼動機？

班級經營

以有趣遊戲取得全班注意

在良好的班風形成之前，仍需許多有用的策略或技巧管理教室。課堂中，當秩序逐漸失控，或教師想轉換教學活動時，不必扯著喉嚨喊安靜，可利用兒童喜好遊戲的心理，使用一些有趣的方法，輕易取得全班的注意。

📄 實招舉隅

📖 木頭人 3210

取自於「1、2、3 木頭人」的遊戲，將其次序顛倒。教師在喊出「木頭人」後，用手勢比出 3，2，1，0（0 以握拳表示），最晚到 0，小朋友就要停止任何動作，像木頭人一般靜止不動，直到教師說「解除」才可以解除，否則就算輸。此時全班已經安靜下來，教師就可以開始宣布事項。宜靜老師使用此法，效果非常好，因為小朋友都將其當作遊戲，很「認真地」安靜下來。

📖 認識班規號誌

像交通號誌一樣，製作一些班規號誌的牌子，如圖七所示，當教師舉出任一個牌子，小朋友要將其涵義說出，並做出牌子指示的行為，如此，教師就不必大喊來蓋過小朋友的吵雜聲，而傷

著喉嚨。

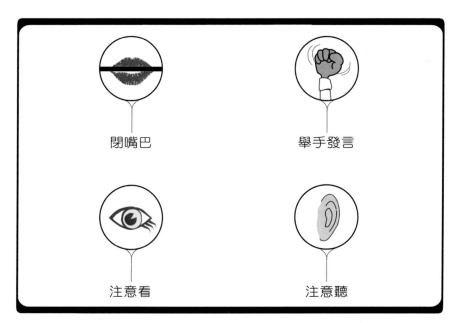

閉嘴巴

舉手發言

注意看

注意聽

☺圖七：認識班規號誌

▤ 呼口呼

有許多簡單的口呼也可以達到要小朋友安靜的效果，如：「大白鯊，閉嘴巴」、「中華炒麵，不要吵」、「東元冷氣，靜悄悄」、「親愛的，小朋友」、「眼睛，看前面」、「耳朵，注意聽」、「小手，擺後面」等。教師說出上半句，小朋友接下半句，可即時使班上安靜下來，方便教師宣布事項，進行下一個教學活動。

以上這幾招，教師可變換使用，也可另創一些有趣的新招，吸引小朋友的注意，以免招式用老，失去新鮮感，而使效果打折。

建立班務參與感、責任感和榮譽感

一個班級的事務是屬於全體學生所共有，因此班務的參與人人有責，應讓每位學生都有班務參與感，進而培養責任感，不宜忽略任何人。當團體中的每一份子都對團體有貢獻，團體的榮辱就是個人的榮辱，個人認同團體，團體的榮譽感就建立起來。此時，每個人都會為團體的榮譽而努力，整個班級就很團結，而有向心力。

📋 實招舉隅

📖 人人都是「長」字輩

除了學校指定的班級幹部，班上設有許多不同的職務，由專人負責，都是「長」字輩，如：茶水長、簿本長、黑板長、掃具長、植物長……等（參見圖八）。由於人人都是「長」字輩，對自己的工作有份榮譽感，且各有所司，也就較有責任感。因此班務的推動會較順利。

一般正規的班級幹部是由學生提名選出，但低年級學生往往未具有足夠的判斷力，選出的股長只是大家較喜歡的或較知名的，並不是真正會做事的。或許有些教師認為這些都是很寶貴的學習經驗（選舉和當幹部），即使是失敗的；但被選出的學生若

☺圖八：惠玲老師一年級的班級幹部（人人都是「長」字輩；黃惠玲提供）

不適任，不僅他個人有許多挫折感，班務的推動也窒礙難行。二十幾年前，筆者初至國中任教，班上國一的學生竟因同情，選一位小兒麻痺同學擔任副班長。可想而知，往後許多副班長的職務，他都無法勝任。要不要撤換他呢？撤換，又怕傷他的自尊心，真是進退維谷！最後只好另找一位同學幫助他，但仍有許多的不便。所以教師在讓學生選幹部之前，必須對各幹部的職務說清楚、講明白，強調要選出具有哪些能力的適任人才，這樣學生才能學到選賢與能的民主真諦，往後班務的推動也才能順利。至於上述非正規的幹部，教師也必須事先說清楚所司的職務為何，如表五所示。

☺表五：純雅老師三年級的班級幹部各有所司的職務說明

三年二班班級幹部

＊班長（管理早自修秩序、倒水、整隊）：俊杰

＊副班長（管理午餐秩序，代替班長）：品潠

＊風紀股長（管理上課秩序）：尚鴻

＊秩序股長（科任課管理秩序）：士凱

＊管理股長（管理午休秩序）：逸三

＊學藝股長（作業遲交統計）：怡如

＊衛生股長（外掃區巡視）：志杰

＊環保股長（教室內環境巡視）：姵文

＊環境股長（每節下課巡視教室環境，登記亂丟垃圾的人）：
　志偉

＊環境股長（每節下課巡視教室環境，登記亂丟垃圾的人）：
　立丰

＊康樂股長（借體育器材、帶操）：子迪

＊文化股長（教室布置）：偉成

＊總務股長（幫老師收錢、交錢）：俊綱

＊午餐股長（指派人盛菜，指派組別盛飯盛湯）：魏宏

＊餐後股長（派人抬餐桶、收餐盒，提醒值日生整理餐桌）：
　麗雯

＊成績股長（登記成績）：堭鈺

＊國語科科長（收國語作業）：馨慈

＊數學科科長（收數學科作業）：壽田

＊社會科科長（收社會科作業）：冠伶

＊教具股長（管理教具、定時整理教具、發教具）：伊倫

＊聯絡股長（收聯絡簿，打電話給沒來的同學）：詩涵

＊值日股長（叮嚀值日生工作，寫黑板）：新韻

＊桌椅股長（早上檢查每個人抽屜、桌面，掃地前提醒同學搬
　桌椅）：振遠

＊整潔股長：（每天早上檢查每個人指甲、抹布、杯子）：
　芸萱

＊圖書股長（管理圖書角，不定時布置圖書角）：鈺純

＊輔導股長（帶毓櫻去資源班，遏止同學欺負毓櫻）：雅宣

＊警衛股長（執行處罰）：靜玉

＊回收股長（管理資源回收，提醒同學做好垃圾分類）：筑婷

＊門戶股長（提醒同學放學關燈、關門窗）：峻宏

＊服裝股長（提醒同學星期四要戴帽子、檢查學號牌）：家宏

＊交通股長（管理放學時的路隊以及排隊的秩序）：友文

＊健康股長（派人帶不舒服的同學去健康中心）：冠宇

＊印章股長（幫教師蓋印章、發簿子）：明鑫

＊打抱不平股長（調解同學間的衝突）：銘志

班級經營

美鈴老師班級幹部的任用有一套，其班級選幹部的流程可為初任教師參考：

> 選幹部→當選幹部宣誓（我 □□□，願為 □□ 班盡心盡力、公正不阿，如有偷懶，就是烏龜；如有不公，馬上撤換。宣誓人 □□□，□□年 □月□日，宣示完畢。）→當選幹部說明同學應如何配合行事，進一步請同學配合→新舊交接。

這樣的儀式加重了學生的責任感，相信班務的推動將更順利。

▤ 人人都有整潔責任區

學生的清潔工作常常也是令教師頭痛的問題，因為教師若不嚴格督導，學生往往敷衍了事，甚至於打掃時玩鬧起來。所以教師必須建立學生清潔工作的責任感。教師可讓學生以小組為單位認養環境整潔責任區，每一小組選出一位小組長負責督導成員對責任區的清掃和整潔維護（小組成員各有分配的工作）。然後利用獎懲制度作小組競賽，如此為小組的榮譽，學生就會認真清掃。有些低年級小朋友對甜言蜜語的抵抗力很小，惠玲老師只要一句「你做得好棒，老師好愛你」，再困難的任務下次學生都會更努力去做，而且做得更好，所以她班上的整潔常得到低年級的第一名。

為建立責任感，每人分配的工作和責任區不宜常更換。有時學生清掃不乾淨是因為不得其法，譬如：沒有掃地就直接拖地，或拖地並不擰乾拖把就直接濕漉漉的拖。所以剛開始時，教師可

能必須親自指導。

▤ 人人都有任務分配

　　任何的班級競賽，班上的每一份子都要參與，每個人都要有任務分配，這樣大家才有團體榮譽感，願共同為團體而努力。例如，參加運動會的比賽：班級中運動好的人當運動員，運動不好的人可分配至啦啦隊組、茶水組、聯絡組……等。每組設一組長，統籌策劃該組的工作並督導組員，務必讓每一個人都有工作分配，為團體貢獻。回想二十幾年前，筆者帶的國一班級，他們在運動會中得了田徑總錦標，高興之餘，說要在錦旗上簽名，然後將錦旗送給我。沒想到傳到一位學生，竟在錦旗上亂畫。他是班上的幹部，但在運動會中卻沒有表現的機會，受到忽略，他是要藉此表達心中被忽略的不滿吧？！因為這榮譽和他無關！

班級經營

班級經營

招式八

教室情境布置有方

　　教室情境的布置是種潛在課程，潛移默化中引導學生的行為和學習，和教師的教學對學生學習結果的影響是相輔相成的。好的教室布置不只賞心悅目，而且提供豐富的刺激，有助於（或加強）學生的學習。不過，單調貧乏的教室布置固然不佳，太豐富複雜的布置也不見得好，因為太複雜而顯得亂，就失去美化環境、賞心悅目的效果。依筆者的看法，教室後面布告欄的布置可以很豐富，教師可依自己的喜好、目的和創意決定包括哪些項目或內容，如：榮譽榜（或榮譽樹──表揚表現優良的學生）、作品欣賞（定期更換張貼學生優良作品）、教學園地（配合教學單元提供相關資訊，學習或複習）、新聞播報站（張貼學校的公告、校內外比賽事宜）、小組競賽表（公布小組競賽成績）、成語彙集（讓學生小組競賽找出國語各課相關成語）……等；教室兩側的布置一般是張貼精神標語和班級公約，除此之外不宜加太多東西，因為那可能干擾學生的注意，影響學習；教室前面黑板區的布置更是除了該教學單元的相關資料圖片和一隅的小組競賽格子表以及日期、值日生等基本資料以外，不宜有任何不相干的東西，以免吸引學生注意，干擾學習。

📄 實招舉隅

📋 各學習角

若教室的空間夠大,可在教室周圍設各學習角。如圖九所示,惠玲老師的一年級教室設有創意工作區、遊戲區、閱覽區(或圖書角)、學習檔案夾、數學遊戲區、班級特色區(魔法ABC)、注音練習區……等。圖十是宜靜老師五年級教室的下棋角,提供學生下課靜態的休閒活動。圖十一是秀萍老師五年級教室的電腦區,提供學生使用電腦的機會。圖十二是淑純老師四年級教室的資源角,教導學生垃圾分類、資源回收的觀念。

📋 教學單元情境布置

教室布置除了一般性的項目,也應針對教學單元,留有布置的空間,以塑造教學氣氛,增進學生的學習。如前所提的成語彙集欄,就是于嵐老師讓學生小組競賽找出國語各課相關成語,寫於此。學生都非常踴躍去寫,如此不僅增進了學生成語的學習,而且教師也不必多花力氣去布置。假如設有教學園地欄,則可配合教學單元提供相關資訊,豐富學生的學習,或加強複習。

純雅老師在教室的一邊懸掛國語教學單元的生字卡(如圖十三所示),也是不錯的點子,讓學生天天看,可加深生字的印象。

班級經營

班
級
經
營

☺圖九：惠玲老師一年級教室的各學習角（黃惠玲提供）

☺圖十：宜靜老師五年級教室的下棋角（李宜靜提供）

電腦區

電腦開放學生登記使
用，使用者須遵守「e
國守則」，如有觸犯，
嘿嘿嘿……！
你就玩完了！

☺圖十一：秀萍老師五年級教室的電腦區（許秀萍提供）

班
級
經
營

「資源角」：愛護地球，成為環保尖兵是每個人共同的責任。

☺圖十二：淑純老師四年級教室的資源角（胡淑純提供）

☺圖十三：純雅老師三年級教室的國語教學單元的生字卡（蔡純雅提供）

　　至於教學中，可用的資料或圖片則可張貼於教室前面的黑板或兩側。例如，教杜牧的〈山行〉這首詩：

　　　　遠上寒山石徑斜
　　　　白雲深處有人家
　　　　停車坐愛楓林晚
　　　　霜葉紅於二月花

　　臺灣除了少數地區，根本看不到秋天楓紅的艷麗景色，教學生如何體會「霜葉紅於二月花」的美呢？這首詩的意境體會不出來，學生就無法欣賞這首詩的美，只流於詩句的背誦死記。所以，教師平常可蒐集舊的月曆或圖片，上有美麗的風景、動物、鳥類等，在教相關的單元時就是很有用的教材。在這裡，教師若於黑板張貼一些秋天楓紅醉人的美麗圖片，詩的氣氛、意境塑造出來，學生就比較能欣賞這首詩了。

📖 座位安排

　　學生座位的安排也會影響教學和學習效果，所以應配合教學法作適當的安排。傳統排排坐的方式，學生的注意力較易集中，但不適於小組討論或合作學習教學法。現在教師的教學方式較活潑，往往會設計一些小組討論活動，所以很多教室的座位安排是採分組而坐。分組而坐的座位安排有許多種方式，一般是採前面三組後面三組（每組五或六人）的方式。這種方式的缺點是教師通常較注意前面組別（尤其是中間的一組）的學生，因為空間的關係，教師不易走到後面來，以致後面組別的學生的注意力較易

分散。有一種馬蹄形的排列方式（如圖十四所示），可以改進這個缺點，非常適合教師採用。（還有許多其他方式，如弧形排列，但一般教室空間都沒那麼大。）教室兩旁各有兩組，後面也有兩組，中間空出來方便教師走動或作一些教學活動。後面組別的學生是向前坐，前排的學生在需討論時才轉向後；兩旁組別的學生則於教師講述時可將椅子轉向前坐，待討論或寫作業時再將椅子轉回。如此，學生的注意力不易分散，教師也容易注意每一位學生並掌控全局。

☺圖十四：宜靜老師五年級教室的座位安排（馬蹄形排列；李宜靜提供）

招式九

作業的指派、催繳及批改有一套

　　回家作業是學習活動的一環，它可以是課前預習、蒐集相關資料，也可以是課後複習、練習在校所學，或任何課內課外有關的工作或課業。所以作業對學生的學習是很重要的，它能強化學習，幫助達成教學目標。然而，學生作業缺交卻常是令教師頭痛的問題之一，所以作業的指派、催繳及批改，教師也宜有一套有效的方法對付之。基本上，作業的指派份量需合理、難易適中，才不會造成學生寫不完、多人缺交的情況；作業的繳交應嚴格緊盯，學生才不會心存僥倖，造成缺交情況嚴重；作業的批改則重要求正確，寫錯要求訂正，給予學生補救的機會。以下就這三方面分別說明之。

📖 實招舉隅

📋 作業的指派

　　作業的指派應有意義，和學習活動相關，難易適中，且份量應合理。抄寫的作業在非假日原則上低年級在三十分鐘內，中年級六十分鐘內，高年級九十分鐘內，可以做完（林素霞，民84）。假日的作業則多指定活動性的作業。對於大範圍的作業，如專題計畫，則以星期為單位，讓學生可以自行規劃完成的進度和時間。

班
級
經
營

作業的內容不限抄寫，可以有多樣形式，如：訪問、蒐集資料、專題報告、實驗操作、自然觀察、時事批判、家事操作、親子間的互動⋯⋯等。

最後，讓學生將作業的指派寫在聯絡簿上，提醒學生也方便家長督導學生在家做作業。有些學生會投機取巧故意漏寫一兩項指定作業，或者回家後用橡皮擦擦掉。教師若發現有此情形，應緊盯這樣的學生並要求用原子筆寫。

▤ 作業的催繳

教師應嚴格盯緊作業的繳交，否則總有一二學生心存僥倖，不交作業。教師的課務繁忙，有時難免無暇催繳作業，所以可請學生分層負責作業繳交的工作，以減輕教師負擔。首先，讓小組長按時收小組的作業，翻開至待批改的一頁（方便教師批改，節省時間），並登記缺交的學生。假如班級設有簿本長，則由簿本長總負責收齊各小組長交來的作業，整理後交由教師批改。缺交的學生則由小組長、簿本長共同督導，利用下課時間完成作業。假如放學前仍無法完成，則讓學生留下完成後才能回家（即使要參加課後輔導也不寬貸；在此指一般情況；若有學生因家庭問題不喜歡回家，則此法無效。）幾次後，相信缺交的情形會改善。假若有學生一再缺交作業，教師則需問明原因，了解情況，並和家長聯繫共謀改善之道。

▤ 作業的批改

作業的批改不僅要求作業整齊美觀，更要求正確，寫錯了則要求訂正。所以教師可採「減二加一」原則，告訴學生凡有寫錯

則等第降兩級，訂正後再回升一級。例如，原來可得甲，但因有寫錯，所以降兩級後變成乙上，但訂正後可回升一級變甲下。在作業本上的批閱是「甲→乙上→甲下」。這個做法的用意是鼓勵學生作業要正確，一旦寫錯減二級；然而不慎寫錯也有補救機會，訂正是重要的，所以訂正後可加一級以資鼓勵。（注意：加的級一定要比減的級少，以免學生不在乎剛開始時就寫正確。）

除了加級鼓勵訂正，作業的訂正是強制性的。假如學生沒有訂正作業，則同樣要求他們利用下課時間訂正，訂正完才可以回家。（上學時間由小組長、簿本長共同督導，放學後則由教師親自督導。）作業表現有進步的學生，教師可找機會表揚。有非常優秀的作業，則可安排學生上臺發表或予以張貼，讓同學觀摩。最後，記得將學生作業的優良表現寫在聯絡簿上，讓家長共同讚賞子女的用心。

班級經營

處理偏差行為有良方

　　學生偶會出現一些偏差行為，令教師非常困擾，有時非常棘手，不知該如何處理。「預防勝於治療」，教師平常就該建立學生正確觀念，灌輸法律常識，有時藉社會事件的機會教育，有時藉角色扮演，讓學生體會深刻以達防微杜漸的功效。然而一旦學生有偏差行為出現，教師仍需找出行為原因，對症下藥處理較為有效。由於各偏差行為的處理方法不同，以下就教室中較常見的四種偏差行為──偷竊、作弊、打架（或吵架爭執）、性騷擾等，分別予以探討。

實招舉隅

處理偷竊

　　教師平常可灌輸學生「偷竊是犯法」的法律觀念，並可藉角色扮演體會及討論財物被偷的心情和感覺。另外則告誡學生「財不露白」，不要帶太多錢到學校以及物品要保管好，以免引誘人犯罪。然而，萬一仍有學生的財物被偷，教師要如何處理？教師往往藉著地毯式搜索或搜查書包，希望能找出小偷尋回財物。但是此法常徒勞無功，因為聰明的學生不會將偷來的財物藏在書包，而會將其藏在別處，等待時機再去拿。（尤其是錢，體積

小，很容易藏，故不易找到。況且即使搜到，也很難判斷是被偷的錢。）

紋綺老師的處理法可供教師參考。有次她五年級班上小朋友的五十元被偷，她在地毯式搜查不獲後，發給每位小朋友一張白紙，讓他們寫下姓名並從四個答案（(1)我沒有拿(2)我看到是□□拿的(3)我知道是□□拿的(4)老師，是我拿的）中寫下所選擇的答案。她並且努力呼籲：犯錯的人要勇於認錯；知錯能改，善莫大焉；只要勇於認錯，老師將不公布姓名，既往不咎；否則做虧心事的人不得心安，晚上可能會做惡夢……等等。結果皇天不負苦心人，有位小朋友在紙上寫著：「老師，是我拿的！請原諒我，好嗎？」紋綺老師心情非常複雜，一方面高興終於破案而且小朋友也勇於認錯，一方面則驚訝難過平常這麼乖的小女孩怎麼會做出這種事？

當教師找出是誰拿的，和作弊的行為一樣，需私下訓誡，保留學生的自尊，讓其有改過自新的機會。而且進一步要找出行為原因，對症下藥輔導其改過遷善。假如學生偷竊是因為家貧，缺少零用錢，教師可在教導其「用勞力賺取正當的金錢」之觀念後，想法讓其在學校有工讀賺取零用錢的機會。假如學生偷竊不是因為家貧（而且其家庭也很富裕），而是為了讓父母尷尬，吸引父母的注意，則教師應和家長溝通，改善親子之間的相處。假如學生偷竊是一種病態的補償行為，則教師應商請輔導老師擬定個別輔導計畫，及時矯正這種偏差行為。學生的一些偏差行為，若國小教師能在小學剛開始出現時就及時予以遏止並導正，則學生長大就不會變本加厲，誤入歧途。所謂「小時偷摘瓜，大時偷牽牛」（臺語諺語）！

班級經營

假如使用上述方法，教師懷疑是某人拿的，將其私下找來詢問，但其堅不肯承認。在無證據之下，基於教育的立場，「寧可錯放人，不可冤枉好人」。教師寧願相信學生是好的，他才有可能變好的一天。重點不在於當時能不能捉到小偷，而在於是否能藉機會教育學生，使偷竊的行為不再發生。

📖 處理作弊

為防止學生考試作弊（尤其是有作弊之風的班級），教師宜於考試前三令五申，並於考試中嚴格監考，在座位間來回走動，以杜絕學生作弊的念頭和機會。萬一發現有人作弊，宜不動聲色，走到他旁邊將作弊的證物沒收，待考試完後將他找來私下訓誡，保留他的自尊。有時中、低年級的小朋友只是尚未建立正確的觀念，教師只要稍稍訓誡即可。相信經過這樣的教訓，有自尊的學生必會改過自新，不再作弊。

二十幾年前，筆者失敗的處理經驗，至今仍深深懊悔，在此可為教師的借鏡。當時，筆者接的國三升學班有作弊之風，我為杜絕此歪風，三令五申考試不可作弊，否則要嚴懲。某次小考，我發現有位學生偷翻書。這位學生常在外打架鬧事，是我一直以來在輔導的。我是信任他，也是為杜絕班上作弊歪風，所以想「懲一儆百」，公開處理。我在遠處請他將書收起來，待考完再處罰他。結果當考完我要處罰他時，他竟否認作弊，只說他翻的是別科的課本。當場我教師的權威受到挑戰，他學生的自尊受損（他是極愛面子的人），師生皆下不了臺，因此對立在那裡。從此師生的關係破壞，我對他的輔導就前功盡棄！假如當時我是悄悄走到他身邊，將課本沒收，並請他下課到辦公室來，相信會有

完全不同的結果。因有證據，他無法抵賴，而且因保有自尊，他也會願意接受處罰並可能改過自新！

　　所以為人師者，在處理學生偏差行為時，豈能不戒慎恐懼，謹慎為之？

▣ 處理打架、吵架等爭執

▤ 「老師請聽我說」留言簿

　　小學生之間發生爭吵，甚至打架，是常有的事，而且有些小朋友很愛打小報告，動不動就是「老師，某某人推人……」、「老師，他給我打……」、「老師，某某人怎樣……」，使得老師窮於應付這些芝麻綠豆大的小事，煩不勝煩。惠玲老師就在她一年級的班級設計一本「老師請聽我說」留言簿，供小朋友伸張正義、打抱不平或申訴用。有什麼大小事都須先在留言簿留言並留下大名，老師才會處理。沒有經過這道手續就向老師報告的，老師就忽視不理。經過一段時間後，小朋友抱怨的事情少了許多，因為寫字太麻煩，他們會開始去判斷事情是否需要報告老師。假如事情真的嚴重他們就會寫出來，反之則否。

▤ 小小法庭

　　上述是低年級的處理方法。至於中、高年級，則可培養學生民主法治，理性和諧地解決爭執的素養。一樣設有申訴簿供學生申訴不平。但處理學生的申訴的是班級的小小法庭，而非教師。利用班會時間召開小小法庭，由大家選出的小法官主持，全班當陪審團。遇有嚴重的打架衝突，原告和被告還可各請辯護律師。教師在旁觀察和指導，過程如無任何不公或瑕疵，原告和被告都須接受陪審團的決議及小法官的判決。當然，若有不公，原告或

被告都可向教師上訴。教師這才出面，是最後的仲裁者。

校園中有更嚴重的暴力行為，如恐嚇勒索，這已需個案輔導，故不在此探討。但教師平常可告訴學生，如遇這樣的事須向老師和家長報告，不可隱瞞。

▤ 處理性騷擾

有些中年級男生在嬉鬧時會互相抓對方的「小鳥」或掀女生的裙子，高年級男生則可能會藉機碰觸女生或偷瞄女生（甚至教師）的「內在美」（有的甚至用鏡子照），這些都是屬於性騷擾行為。有這種行為出現時，教師必須開始對學生施予正式的性教育，灌輸學生正確的性知識，並教導學生尊重別人的身體及保護自己的方法。其實性教育在健康教育課程中從低年級就開始，循序漸進，但一旦學生出現性騷擾的行為，教師就必須趁機給予正式的性教育，引導學生有正確的性觀念和性態度。

宜靜老師在處理她五年級班上學生的性騷擾事件，是先晤談，了解該生為何有那些性騷擾的行為，並與家長聯絡，請家長和其談論正確的性觀念且嚴加注意其行為；再對班上進行正確的兩性觀念教育，灌輸正確的性知識，教導學生尊重別人的身體也保護自己；最後則嚴格懲罰，嚴禁小朋友亂摸別人的身體，也不可以取笑別人的身體特徵。結果，沒多久她班上的性騷擾問題便越來越少。

所以教師在處理性騷擾問題時，只要態度大方，不隱誨面對性及談論性的問題，學生就易對性有正確的觀念和態度，不會有不當好奇，進而懂得尊重別人及保護自己。

善與家長合作

教育孩子是教師與家長共同的責任。孩子每天有三分之二的時間在家裡，只有三分之一的時間在學校，而且一位教師通常需面對二、三十位的學生，家長卻只需面對其自己的孩子，所以在教育的路上教師若能取得家長的合作，共同攜手，相信必能事半功倍，孩子想要變壞也難！

與家長合作首先要建立順暢的溝通管道，其次是善用家長人力資源。建立順暢的溝通管道可以讓家長了解孩子在校的情形，進而知道在家需要注意與配合的地方，也可以讓家長了解學校任何新的措施與要求，而能接受與支持。當然，教師同時也可以了解學生在家的情形而能知道學生的問題所在，在校予以有效幫助。但如何建立順暢的溝通管道呢？教師平常可利用家庭聯絡簿和家長聯繫重要事項並表達關心，遇學校有重大政策待實施時則可發書面通知和家長溝通，另外是時常利用電話和家長雙向溝通。家庭訪問和親師座談會也是重要的溝通管道，教師可藉機和家長溝通其教學理念，需要家長合作的地方，及深入了解學生，唯次數太少，發揮的作用較有限。所以，教師最重要是能善用電話時常和家長溝通。不僅在學生發生問題時及時電告家長，避免學生回家加油添醋誤傳，造成家長誤解；而且在平時藉電話表達對學生的關心，能深得家長的認同和支持。不過，要注意的是，溝通宜採褒多於貶和先講優點後講缺點的原則。

班級經營

與家長有良好的溝通後，進而能善用家長人力資源，幫忙推動班級或學校欲進行的活動。教師一人的精力有限，教學課務繁忙，有時想進行有利學生的活動卻心有餘而力不足，此時就可請熱心的家長參與推動（如前所述惠貞老師班級的讀書會），不僅效果好（家長有參與感，更認同支持），而且不會增加教師負擔。以下再舉一些實例供教師參考。

實招舉隅

利用「電線」教育

秀英老師（吳秀英，民 85）不管平時或寒暑假常常使用「電線」教育（即電話）和家長、學生溝通。剛開始時在暑假，距離開學還有十幾天，她打電話給全班的學生和家長，探詢學生的暑期生活情形，並給學生一些鼓勵。結果開學後，許多位家長表示感謝老師的辛勞，假期中仍不忘關心學生；更棒的是，學生個個精神飽滿、信心十足，很快就進入學習狀況。這和過去假期後剛開學時，要收回學生的心必須很費勁，有很大的不同。現在不費吹灰之力，教學就能正常進行。

媽媽說故事

惠玲老師因為每週二、四的早上是教師晨會時間，不能親自陪學生，所以發了一張「班級家長人力物力資源調查表」，除了募集許多綠色植物、書架、軟墊、故事錄音帶外，還有一位家長願意每週二、四到班上擔任義工媽媽，說故事給孩子們聽。

　　如此，家長一方面可以替教師分勞，一方面又可以陪孩子一同成長，是很好的親師合作模式。

▤ 參與多元評量

　　目前各校在推動的多元評量，包括傳統的紙筆測驗和一些有別於傳統的評量方法，如：真實評量、實作評量、檔案評量、動態評量……等，使教學評量更活潑、生活化、趣味化，反映的是學生也更能活用所學。但評量方式的改變需要獲得家長的支持，所以須事先利用書面通知（如表六所示）或親師座談和家長溝通，以化解家長的疑慮。

　　有些學校或班級設計一些問題，以闖關的遊戲方式來評量學生，有些關卡需要很多位關主把關考驗學生，此時就可邀請有興趣的家長共同參與，充當關主考驗學生（如圖十五所示）。有了家長的參與，家長更能了解多元評量的涵義，而更加支持。

班級經營

☺表六：世賢國小多元評量家長書面通知單範例

各位親愛的家長：

　　您好！為了讓孩子表現其豐富的才華，此次月考將以多元化評量進行測試，盼望您能與我一起給予他們最大的讚賞與鼓勵，您的支持將是我們進步的原動力，在此先向您說聲謝謝！以下是本班多元評量的內容，如有疑問，歡迎指教！

※國語科：各課簡報 30%、故事串場 30%、習作 20%、生字語詞 20%。

※數學科：過五關。

※自然科：以開卷方式評量孩子對課程的了解。

※社會科：各人報告及小組美食分享。

※動態興趣展：由孩子自選項目表現其動態專長，老師評分並攝影，以茲留念！

※靜態作品展：由孩子提供自己的作品或蒐集之物，呈現在各組，以供展覽。

　　讓孩子在學習中擁有成就與快樂是我最大的願望，我把他們視為自己最棒的寶貝，相信各位家長亦如是，願我們都能在孩子的求學路上盡一己之力，加油！最後再次感謝您，並祝闔家平安快樂！

六年六班導師

郭玉玲敬上

（取自《多元評量研習手冊》，民 89，頁 84）

☺圖十五：邀請家長共同參與多元評量（林宜萩提供）

班級經營

教師的情緒善管理

　　「有快樂的老師，才有快樂的學生！」教師的情緒深深影響著一個班級的氣氛，進而影響學生。試想一位板著臉孔或哭喪著臉的老師走進教室，教室氣氛如何輕鬆得起來，學生又如何快樂得起來？

　　EQ（情緒商數）是現代人很重要的課題，有時比 IQ 還重要，和一個人職業成功有密切的關係。EQ 高的人能妥善管理自己的情緒，能理性解決問題，不會讓情緒失控，傷人傷己，因此有較佳的人際關係；遇挫折能不被悲傷失望擊倒，因此人生較易成功。教師是人，難免有情緒。但教師是人師，一言一行是學生的楷模，負有教化的責任，因此教師向學生示範的必須是 EQ 高手，能管理好情緒，適度的表達情緒但不會讓情緒失控，做出失去理智的事。這樣，教師才可以要求學生控制情緒，不因憤怒打人，以暴力解決問題；不因悲傷沮喪，失去奮鬥向上的勇氣。

　　綜上所述，教師的情緒會影響班級氣氛，進而影響學生，又教師的情緒管理是學生的楷模，所以教師的情緒管理很重要。教師不宜將自己在家的不愉快情緒帶進教室，遷怒學生。遇有學生公然挑戰教師的權威，惹教師生氣，教師可以幽默化解或適度表達，不可遷怒其他學生。以下以實例說明之。

📄 實招舉隅

📄 角色扮演快樂的教師

教師有時有個人的家庭問題，心情難免不好，但不宜到校遷怒學生。記得筆者小學時，某天一早到校，發現老師已在教室鐵青著臉而且同學都罰站，我連忙向老師道早安（我可是乖寶寶），也到座位罰站。陸續有同學進來，有的有說「老師早」，有的沒有，但一律都罰站。後來才明白原來老師一早到校因為同學沒說「老師早」，而在生氣。但為什麼有道早安的同學也要罰站呢？我們猜想老師必是家裡有事（與師母吵架？），心情不好，所以遷怒我們吧！

這件事情隔了幾十年，我仍然記憶深刻，可見教師對學生的影響！所以，不管教師有任何的個人問題，可適度表達或說明，但不宜將不快的情緒帶進教室，遷怒學生。到了學校，教師要想自己現在是扮演教師的角色，是個快樂的教師，才能將快樂帶給學生，使學生快樂學習。

📄 以幽默化解

班級中有些學生喜歡藉機挑戰教師的權威，以吸引同學的注意和崇拜。例如：當教師在黑板上演算一個問題時，不小心犯了一個錯誤，馬上有學生說：「連加法都算錯，還配稱作老師？」身為教師的你，該如何反應？怒斥那位學生說話無禮？那只會破壞教室氣氛，並讓學生認為你惱羞成怒。所以，此時宜以幽默化

解。啟榮老師的回應是：「吃芝麻哪有不掉燒餅？」相信學生一聽，必會大笑此句的語病，卻又明瞭「孰能無過」的道理。教師尷尬的處境，師生之間衝突的緊張，就巧妙地化解了。

幽默感是可以學習和培養的。首先，教師不需對事情過分嚴肅，試著從不同的角度去看事情吧！

▤ 適度表達情緒

情緒管理不是壓抑情緒，那不利身心健康，而是適度表達，理性抒發情緒。記得筆者國中時，選修作物栽培的課，某天不知何故老師和班上一位同學突然大聲對罵起來，老師非常生氣，從此很討厭我們班，要我們下學期不再選她的課，結果我們只好改選別的課。最後選了簿記課，對於當時的我，真是枯燥乏味啊！在這個事件中，同學惹老師生氣，老師卻遷怒我們這些無辜的人，實在不是很好的示範！

當學生做出任何令教師生氣（或傷心）的事時，教師可以稍待情緒平復後，和學生說理，說明為什麼他那樣做讓老師很生氣（或傷心），所以老師暫時的反應是這樣（如不想理他）。這樣的方式不僅可避免師生衝突，而且相信等學生冷靜後，學生反會心生慚愧而向老師道歉。這是適度表達，理性抒發情緒，不僅師生得以維持良好關係，而且對學生是很好的示範。學生也將學到管理情緒的良好模式，不會因情緒失控，傷人傷己；也不會遷怒別人，傷及無辜，以致破壞人際關係。

結　語

　　假如以上各招您都使用了，但是班級常規仍是亂糟糟，不見起色，請您不要氣餒，不要灰心。每個班級的學生特性都不一樣，適合這一班的方法不見得適合那一班，所以有時需要一些時間、一些經驗去尋找適合自己班級的方法。所以您需要精熟各招的原則，能變化招式，甚至自創新招，以適合自己的班級。有時一個小小環節的不同，效果可能就「差之毫釐，失之千里」，非常的不同！因此您可能需要時時反思、檢討，原因出在哪裡，您要做怎樣的改進。教師的挑戰性就在這裡！理論、招式、方法、策略都不是一成不變，因為學生也不是一成不變，他們個個都不同！

　　有時需要換個角度看事情，學生有那麼壞嗎？曾經有個故事：有位媽媽發現兒子竊改考卷上的分數，她非常震驚、憤怒、傷心、難過，甚至感到絕望。我們不難想像：她已見微知著，想到很久遠以後的事了。她去見兒子的導師，想不到導師對她說：「恭喜你！你有個孝順體貼的兒子，因為他偷改分數是為了讓你高興！他在乎你的心情！」這個媽媽當場流下眼淚：「是我不好！如果不是我太看重分數，他又怎麼會作弊？……他的確是我的好孩子……」（註二）

　　故事中的導師就是因為能夠善解，從不同的角度看學生，所

註二：筆者蒐集的小短文，出處已不可考，作者是臺中的立湘。

以能將孩子救出罪惡的深淵！請記住「比馬龍效應」！您認為孩子是好的，他就是好的；您認為他是壞的，他就是壞的。永遠不要輕易忘棄任何一個孩子！即使真有不受教的學生，您要這樣想：他的不良習慣是累積了多少年，他是長期失教，豈能期望他一朝一夕就能改變？

　　請您持續以愛心、耐心包容他們，關心他們！他們會感受得到！雖然無法立竿見影，但在潛移默化中他們會慢慢改變。就像《化雨春風》一書中愛莉沙老師（民 90）所接一個全校最有問題的班級，除了兩位女生，其他學生都有嚴重的行為問題且學業成績低落。剛開始，她幾乎是哭著離開學校，擔心學生會互相尋仇且殺了她，但她沒有放棄。在課業上，她以適合他們程度的方法和文章教導他們，並要求他們寫日記。在為人處事上，她和他們討論對人的態度和自尊的問題。她不斷以愛和耐心包容他們，鼓勵他們。她只注意他們的優點，除了他們所攜帶的危險物品和對別人施暴外，她不在意其他的事情。她努力平息學生的衝突，只要學生一整天沒有起衝突，她就送每人一個小獎品；連續一星期相安無事，就為他們開一次烹飪課（因為他們對吃很有興趣）。慢慢地，學生的行為改善了。在耶誕節前一週，學生為沒有能力買禮物送她而感到焦慮（因為他們大部分的家庭並不溫暖，也不富裕），但她告訴他們，卡片和書信比任何禮物都珍貴，所以學生很興奮的開始製作卡片。派對當天，她送給每位學生一本兒童讀物、一本日記本和一枝彩繪鉛筆，每位學生則送她自製的卡片和他們最喜愛的物品。其實學生送她的都是一些破舊的東西，但那是他們最誠摯的禮物，卡片的字裡行間充滿著發自他們內心的深沈情意，所以她一直珍藏它們。其中一位學生送她一枝昂貴的

cross 名筆，這是年初這位學生從她那兒偷去的，但學生告訴她是在當地一家店裡買到的，而她也謝謝她，她很高興筆終於物歸原主。這次她又哭著回家，但和以前不同，她哭是因為這些孩子以他們能力所及的方式來表達對她的愛。

這個故事令我非常的感動，也有許多的啟示。潛移默化的教導使學生自動改過遷善，又何必在意是否抓到小偷，肯不肯承認呢？所以，許多事在當時或許不見效果，但只要老師不放棄，終有一天學生會體會老師的苦心和付出，而有所改變。那影響可能是終生的！各位老師加油吧！繼續努力吧！

班級經營

參考書目

- 《多元評量研習手冊》（民89）：嘉義市八十八學年度發展小班教學精神教師研習，嘉義市：世賢國小。

- 吳秀英（民85）：《春風化雨──靜思語教學教材》。臺北：博愛國小，慈濟教師聯誼會。

- 林美琴（民88）：《兒童讀書會DIY》。臺北：天衛文化圖書有限公司。

- 林素霞（民84）：〈回家作業的指定〉，《班級經營──理論與實務》，頁174-175。臺灣省政府教育廳。

- 愛莉沙‧丹尼爾（民90）：〈誠摯的禮物〉。載於愛絲特‧萊特編，張篤群譯，《化雨春風》（*Why I Teach*）。臺北：智庫文化股份有限公司。

貳

實習心情故事篇

班級經營

學著當配角

蔡純雅

　　我覺得讓孩子充分討論自己的行為，
不僅可以從中學到如何去表達自己的想
法，更能夠從中學到事情的解決方式，讓
他們明白，事情要以理性的方式來處理，
而不是爭執鬥狠就能解決的。

　　轉眼間，來到丹鳳帶了這個班也已經一個半學期了，在這段時間裡歷經了許多的酸甜苦辣，許多的自我掙扎，更有許多的成長，我想，第一年的教學，我是快樂的。

　　記得開學的第一天，對我來說那是充滿刺激與緊張的，因為我壓根兒也不知道開學第一天要做些什麼？這真的是一件學校沒教的事。幸虧在隔壁的幾個老師都很熱心，他們沒有不耐煩我的叨擾，知道我是新手，所以時常都會提供我一些資訊，與我分享一些經驗，說實在的，我真的從他們身上學到了好多寶貴的經驗。而班上也有幾個比較精明的孩子，尤其是俊杰，他似乎也知道我這個老師什麼都不知道吧！在剛開始，我們的角色似乎是顛倒的，他就像一個小幫手一樣，告訴我以前他們老師都怎麼做，以及學校各個角落的事情，甚至也是他帶我熟悉學校環境的。在這樣懵懵懂懂的狀況下，這群孩子就在「菜鳥」老師的帶領之下進入了三年級。

　　憑著以前在學校所學到的，班級經營那堂課的老師千叮嚀萬交代的——新學期新班級一定要有明確的「班規」，明確地為孩子的行為訂定一個準則。所以開學的第二天我們班的班規就出來了，而且是以投票的方式決定的，我並沒有做太大的干涉。剛開始大家都很認真地在遵守，但是後來發現，孩子們是健忘的，訂出來的班規到最後僅變成少數人心中的規臬罷了！（剛開始我是這麼認為，但是有一天在與某位老師閒聊時，她告訴我她的看法，她說：「其實孩子並不是健忘，而是容易受影響，容易模仿，他跟什麼樣的人在一起，就容易變成什麼樣子」。）我想孩子也許需要反省與思考的時間吧！所以我讓孩子開生活檢討會，讓他們提出不好的地方，說出心中不滿，大家一起商討出解決的

方式，並自我訂定獎懲的辦法，而我通常都會提示他們，如果要有懲罰，那麼懲罰辦法必須是對班上有幫助的，不要把「寫作業」當作一種懲罰（這是我一直不斷在告誡自己的，因為罰寫作業只會讓孩子更討厭寫作業罷了！）我覺得讓孩子充分討論自己的行為，不僅可以從中學到如何去表達自己的想法，更能夠從中學到事情的解決方式，讓他們明白，事情要以理性的方式來處理，而不是爭執鬥狠就能解決的。

我是一個崇尚自由且能夠自我管理得很好的人，所以我也希望班上的孩子也可以享有自由的空間，能夠有自己做決定的一些權利，每個人都有機會可以學著管理。所以在班上，寫圈詞的時候在一定的範圍內孩子可以自己選擇喜歡的寫；班上不定期會有自由課，讓孩子自己決定自己要做什麼，可以做什麼；班上每個人也都是幹部，每個人都負有一個責任，大家管理著班上不同的事務，班長、副班長不再那麼的特出。除了身心方面較特殊的孩子以外，在班上沒有人會有特權，我試著對每個人平等看待，雖然有時候人總有偏見、有喜好，但是我總是告誡自己——要公平、要一視同仁，因為孩子是敏感的，孩子是容易受傷害的，很多時候，孩子心中求的就是一個公平、一個道理，沒有道理的事情他會一再地追究。班上就有這樣的孩子，所以我常常都得小心謹慎，做任何的決定都得想出一個合理、孩子能接受的理由，而且是公正、公平的。

我的班級經營理念受到人本教育及種籽學苑的教育理念影響非常大，我喜歡相信每個孩子都是純真善良，值得信賴，也懂得自我反省，可以自我改變的，也是可以說理的。我也告訴自己，不要一個標準打翻一船人，每個孩子都有他的優點、特性，所以

班級經營

班級經營

有時也要有不同的標準。班上有一個孩子老是不交作業，剛開始我的確很生氣，但是不管老師怎麼說他，他隔天還是可以照樣不交作業，而且總有說不完的理由。後來，我想與其自己生氣，不如就調整方式、調整想法。我仔細思考了「作業」的用處，我發現作業的功能有些基本的就在於「練習」，有些比較活的就是在訓練思考、培養自我學習的能力，而這些不管在哪個時間都可以達成。所以孩子沒法改變，就由老師來改變吧！最後我們彼此之間達成一個默契——每天我會提早告訴他當天的功課，他可以利用下課時間、午休時間把當天的功課做完，如此一來，這個孩子作業缺交的情況就改善了，我也不用常常懊惱了，反正目的達到了，就不用太去在意時間啦！

曾經有一個家長跟我反映，說我對學生太溫柔了，他的孩子就是要人家兇他才會聽，但是這與我自己內心的想法完全牴觸，我並不認為兇就可以解決事情。我也曾經一度拿起了教鞭，但是卻又放了下來，原因在於我不忍心，而且執起了教鞭，不就等於承認自己失敗及無能為力嗎？我希望我跟孩子之間的關係並非建立在劍拔弩張之下，而是彼此尊重、關係和諧之下。所以我常常會在孩子犯錯時，告訴自己：緩一緩心中的怒氣，放掉自己原有的價值觀，先站在孩子的立場上替他想想，聽聽他的感受，聽聽他的理由，以接納的態度來看待他的錯誤，並告訴他，世界上是允許「犯錯」這件事存在的，但並不是意味著人可以永遠在錯誤中度過，人的可貴並不在於他不會犯錯，而是在於他知道自己犯錯時能夠立即改進。我相信孩子會改變，但是有時我也會懷疑，我這樣的信念到底是對還是錯，因為還是有孩子總是在犯同樣的錯，必須時時刻刻提醒，有時搞到自己真的很洩氣、很失望，心

裡的衝擊很大，不禁懷疑起自己的能力。有人說也許是經驗不足吧！也有人說我個人的要求太高了！我想經驗不足，可能占很大的因素吧！雖然有一個那樣的信念，但是並不知道要搭配什麼樣的方法比較有效。我覺得這段期間我不斷地在做修正，不斷地在嘗試不同的方法，看到哪個老師的方法不錯，就去偷學來試試看，聽到哪個同學有不錯的方法，我也會試著在班上做做看，在這段摸索當中，有成功的喜悅，也有失敗的打擊。我記得在最初遇到挫折時，我常常都是像洩了氣的皮球一樣，會一個人呆坐在桌子前面難過好久，但是漸漸地我找到了讓自己重新振作的方式——再回到自己理念的源頭，找尋別人成功的經驗，再為自己打一劑強心針，隔天重新出發。所以現在每當我心中產生自我衝突的時候，我就不再那麼容易被擊倒了！

在教學方面，我是一個不愛一成不變的人，我討厭沒有活力、沒有變化的教學，一成不變的教學方式不僅使學生覺得厭煩，甚至連我自己教久了都會覺得心虛、煩躁，所以我常常絞盡腦汁想要找出一些樂趣與孩子們分享，但是並不是每一次都成功，因為自己的功力不足，火候不夠，也許再加上創意不足吧！腦子常搜尋不到東西，我常很懊惱，所以我告訴自己我還需要更多的能量補充，必須要常常彌補自己本身的不足。朋友常說：「為什麼你總是有那麼多的研習要參加啊？」別人以為參加研習很痛苦，但我常樂在其中，因為唯有常走出去看看，才能使自己的教學資源更豐富、更充足，教學也比較能夠多元化，自己的挫折感也能夠減少許多。

昨天看到一篇文章，其中有一句話是這樣寫的：「老師！你常常說我上課愛講話、不專心，但是，你知不知道，你上的課真

班級經營

的很無聊耶！」看到這句話我不禁叫好，他說的是事實啊！如果老師能夠做到讓學生覺得上課很有趣、不無聊，甚至沒空可以吵鬧，那麼我想這樣就成功了。但是對於我來說，我還差很大一步，欠缺的也許是磨練，還有對於課程的熟悉度吧！總覺得自己的努力還不夠，沒辦法做到統整的程度，有時上起課來就會有不踏實的感覺。而且我常犯了「太過於自我」的錯誤，太常想著「我要給孩子什麼」，而忘了問問孩子想要的是什麼，也常忽略了孩子的能力，其實孩子是有很大的潛能的，很多時候他們並不是不會，而是老師沒有給他們機會，沒有給他們時間。我想我必須要更常提醒自己──「學著當一個配角，讓孩子來當主角，演好『學習』這場戲吧！」

班級經營

赤子心

許秀萍

　　我深刻體認到每一個孩子都是善良可愛的，只要你願意付出關心去傾聽、付出耐心去等待，他們一定會願意對你敞開心房，只看你是否有耐心等待！

　　時間過的真快，一年的代課實習生活即將畫下句點，一路走來多少歡笑多少汗水；而我也從一個青澀徬徨的菜鳥老師，一步一腳印逐漸成長，至今，雖然已能獨當一面，但距離我的目標還有一大段路要走，更有許多事物需要學習磨練。

　　在這一年中，所遇到的問題不外乎班級經營與教學方法兩大項，其中以班級經營問題最令人傷神，有些問題至今依舊尚未解決，有時想起還真令人氣餒，唉……。

班級經營

📑 上課秩序

　　噹！噹！噹！……！上課鐘聲響，學生們猶如鳥獸散般，紛紛疾走回教室。雖然孩子們聽到鐘聲，也都進了教室，但多少孩子的心卻都還留在下課操場上的球賽、合作社中的新奇玩意、進行到一半的棋局、好吃的包子……等。之前我並未注意到這個問題，只覺得學生剛上課時總是吵吵鬧鬧，似乎得過一段時間才能靜下心來進入狀況，甚至有些時候一節課下來，幾乎都在維持秩序，令人為之氣結。曾試過「拍手活動」（老師拍手學生模仿，老師可任意變化拍手的節奏快慢），但不久，學生又故態復萌。後又嘗試「123 木頭人遊戲」（老師喊 123，學生馬上靜止不動，直到老師說「解除」才可恢復動作），一開始學生覺得新鮮有

趣，效果不錯，不過最後還是「沒路用！」。上列方法主要在吸引孩子注意力，只能治標無法治本，於是我開始觀察，思考問題出在什麼地方，漸漸發現學生之所以吵鬧，是因為他沒有體認到現在是上課時間，該把心從下課活動中收回。發現問題癥結所在後，我開始要求、訓練學生打完鐘就開始朗誦課文（如無課文則靜坐預習上課內容），收斂心神順便為上課作準備，一段時間施行下來，學生們的專心度漸漸提升，對課文內容也更加熟悉，也有學生自動跑來跟我反映，他覺得開始唸課文後，他的成績進步了，也能更快進入上課狀況。收到如此的成效，令我心情為之一振，對自己也更有信心了。

📖 整　潔

　　五年級的孩子們，總給人一種小大人般的感覺，因而許多事，我都會口頭交代一番後，就讓他們開始行動；但事實證明，他們還只是孩子，還是需要老師在一旁耳提面命才行，千萬不要對他們有太多的期待！班上的外掃區，是學校的門面——大門。我鼓勵學生們說：「大門是學校最重要的地方，因此需要最有責任心及榮譽感的班級打掃，而我們班就是如此，所以我們要好好打掃，不能讓學校丟臉！」學生們個個雙眼發出光芒，臉上也顯露出堅毅的神情，於是打掃工作分配完成後，我便讓衛生股長帶著同學下樓打掃，而我則留在班上處理其他事務。不久，馬上傳出「災情」，不是拿掃帚打架，就是互相追逐奔跑，再不然就是不服股長指示，與股長爭吵，天啊！更慘的是當時校長也在場，當我聽到這個消息時，我真想挖個洞鑽進去。第二天，我開始緊

迫盯人，不論早上或下午，我都會在那兒盯哨，這時才發現，孩子們雖然已經掃了二、三年的地了，但還是需要有人在一旁指導才行！

📄 作業繳交

和學生一提到「作業」二字，他們那天使般單純可愛的臉龐馬上一百八十度大轉變，個個都成了面孔猙獰、眼露凶光的小惡魔，此時溫柔美麗的老師也只好變身為青面獠牙、心狠手辣的大魔頭，才能鎮壓住這群「團結的惡魔」。對作業繳交我一向信任孩子們，因此我只有清點本子數量，請缺交的同學儘快補交。一段時間後，我發現某些學生缺交作業的情形十分嚴重，於是我痛下決心，每天都檢查作業、記名，而且規定一定要將作業補齊才能回家（即使要參加課後輔導也不寬貸），實行幾次後，缺交的情形大大改善許多，我的負擔也減輕許多呢！

📄 師生距離

從小到大，「老師」這個名詞，總給人一種莫名的距離感，因此當你遇到困難時，絕不會主動找老師幫忙，但我希望能成為孩子們信賴依靠的對象，因此我下了不少工夫在與孩子們「交朋友」。或許因為我的年紀與他們較接近、我的身高和他們差不了多少、娃娃臉、不拘小節……等，我很快就和學生們打成一片；我也開闢許多管道如：日記、談心信箱、510 事件簿、共享午餐等，傾聽孩子們的問題與煩惱，並提供解決的建議；有時孩子的

表現出現異狀，我也會在作業本中夾帶一張小卡，傳達我的關心。我一直期許自己，成為一位「人師」，除了傳道、授業之外，更要「解惑」，我認為這才是身為一位老師，最神聖的責任與義務。

特殊學生

每個班上總會有那麼幾個，需要老師付出較多關心與注意的孩子。我們班上這幾個孩子，他們所缺乏的就是「關心與信心」，只要老師一句讚美、一個微笑，他們就能重拾信心，表現得和一般學生一樣好。

豪　豪

鬼靈精一個，個性幽默、活潑好動，喜歡惡意捉弄同學，將同學的物品藏起來，看人家找得七葷八素；而且撿到沒寫名字的東西就占為己有，一到四年級都是班上的頭痛人物。一開始我只以口頭告誡，希望豪豪可以改過，但成效不彰；與家長聯絡也只是讓他被打一頓，於事無補；同學也對豪豪產生反感，只要有東西不見，就會直接聯想到豪豪身上，甚至以「小偷」稱呼豪豪。

溝通過程

再次與媽媽聯絡，希望媽媽能向豪豪說明事情的嚴重性（但請爸爸不要動用棍子），而我也利用綜合活動時間請同學們說說，他們對豪豪的感覺，再綜合整理向豪豪說明強調事情的嚴重性。午餐時間我也常邀請豪豪與我共進午餐，談談彼此共同的喜好（不談嚴肅的話題）如：卡通人物、網路、電玩……等，甚至

還到他家幫他修電腦（因能力不足有負所託）。豪豪現在已經改掉將同學的東西占為己有的習慣了，雖然上課還是容易分心，但並無其他嚴重問題。

📃 小　瑜

為人善良單純、個性十分迷糊，常忘東忘西，四年級時父母離異，隨父親由澎湖搬到三重伯父家，因課業老是跟不上同學，對自己很沒信心。

📃 溝通過程

常在班上公開讚美小瑜的些許進步，也多多鼓勵她上臺發表，並請同學協助她適應。這學期，小瑜有十分顯著的進步，功課準時完成，字跡也端正許多，而且課業表現越來越好，甚至參加童軍團，通過考驗成了「小狼」，真讓人為她高興。

📃 小　豪

為人善良單純、心智較一般孩子幼稚，個性十分迷糊，常忘東忘西，作業敷衍隨便、缺交，因弟弟健康情況較差，媽媽較無暇關心小豪，如果媽媽有盯，小豪的表現就較正常，如無則反之。小豪的語言組織能力也比一般小孩差，表達能力不好，因此人緣頗差，沒自信。（小瑜和小豪為堂兄妹，同住）

📃 溝通過程

和媽媽保持聯絡。媽媽也常苦口婆心，希望小豪能有哥哥的風範。另一方面我也常利用午餐時間和小豪聊天，但一段時間下來，沒啥成效，看來我得再多多加油囉！不過作業缺交的情形改善許多。

小　誠

父母離異，與媽媽、外婆及哥哥同住。因口語能力差，不願開口說話（只在學校，在家則十分多話），只以單音表現喜惡（一到四年級皆是如此），也因此影響其課業表現。

溝通過程

和媽媽聯絡，媽媽也常鼓勵小誠開口說話。我則軟硬兼施、威脅利誘，甚至每天將他留校（經媽媽同意），直到他說一句話才能回家，但小誠個性頑強、抵死不從，即使留了兩個鐘頭，他依然不願開口說話，我也只好放棄，再尋新方法。所以至今，他還是只用單音與同學溝通，雖然如此，小誠的人緣還算不錯呢！

小　惠

出身於臺東，是原住民，三年級時舉家從臺東搬到臺北，曾休學一年。上學期十二月才從內湖國小轉入，她的外表十分醒目，一眼就可以認出她，因為她頂著一頭金髮，而且總是穿著便服，作業常常缺交，常常無故缺席，總之問題很多，唉……。

溝通過程

曾嘗試和家長聯絡，但始終聯絡不上（只留手機號碼，從沒打通過，都轉到語音信箱），在聯絡簿上留言，也沒回應；作家庭訪問，結果已經搬家，而小惠又不願意提供新家住址。現在我是一點辦法也沒有，等戶外教學結束後，我可能會採取最下策——跟蹤，知道小惠家的確切位置後再作家訪。

從以上的例子不難發現，糾正學生的問題行為，並不是只靠

班級經營

老師一人的力量就可以的，需要家長和老師一同合作，才能收事半功倍之效。而且對待孩子，「鼓勵永遠優於處罰」。「處罰」雖有它一定的功能，但只能治標而無法解決根本的問題，一再被處罰的孩子，最後不是失去自信，就是麻木、自暴自棄，這些都不是我們樂見的結果。

　　與孩子相處至今已八個多月，我從中得到許多十分寶貴的經驗，對於孩子腦袋中的所想所思也有一定的了解。我深刻體認到每一個孩子都是善良可愛的，只要你願意付出關心去傾聽、付出耐心去等待，他們一定會願意對你敞開心房，只是看你是否有耐心等待囉！成為孩子的老師是辛苦的，但成為孩子的朋友只需要一顆「赤子心」。

班級經營

峰迴路轉

李宜靜

　　我開始向那些對我不滿的學生示好，
並以電話、面談或寫信的方式跟他們溝
通，尤其是針對那位對我非常不滿的同
學，我更是寫了好多信給他，後來，慢慢
的他開始會主動來跟我講話……

在代課的這半年多來，真的只能用酸甜苦辣來形容，從剛接班級的擔心，到遇到問題的煩心，再到一切走上軌道的放心。真的是峰迴路轉，百感交集，這一年多來收穫真的很多，不僅學到了很多的班級經營技巧，更學到了帶班的經驗。回想這一路走來，曾經遇過很多棘手問題，不過幸好我常常把問題提出來問別人，尋求各方的意見，很感謝那些曾給予我幫助的同仁，讓我因此能獲得成長的機會。

以下是讓我曾非常頭痛的問題，解決的方法可能不成熟，希望大家多包涵喔！

性騷擾事件

📄 緣　由

一開始，我根本就沒注意到班上已經出現這方面的問題，直到有一天，小朋友偷偷的提醒我不要穿裙子及緊身衣服到校，我才驚覺到原來班上已經有小男生開始對「性」感到好奇了。後來經過我的調查，才發現表現較明顯的只有一位男學生，而且那位男學生對性的好奇甚至已經到了造成性騷擾的地步了！因為他會去觸摸別人的身體及重要部位，或者是去偷瞄女生的內在美，更誇張的是：他居然會藉著各種方式，趁機偷瞄我的內在美。也因此已讓我感到非常的不舒服，如果不想辦法解決，我想問題應該

會越來越嚴重！

📖 解決方案

我的解決方法有三：

📋 晤　　談

我先和個案以聊天的方式，了解他為何要亂摸別人的身體，他的回答是因為好奇，後來與其家長電話訪問時才發現，原來此男孩與媽媽同住，平時在家裡會灌輸他性觀念的人，只有偶爾來訪的表哥，況且男孩的表哥是個正值青春期的高中生，很有可能趁著沒有大人在家時，帶著此男孩偷看限制級影片，因此讓這男孩對性有了超乎同年齡的成熟及錯誤的認識。經由我的告知，家長決定與此男孩談談正確的性觀念，並嚴加注意男孩的行為。

📋 對班上進行正確的兩性觀念

因為此男孩的行為，讓班上很多小朋友感到不舒服，於是我便利用輔導課時，趁機向他們灌輸正確的性知識，及教導他們懂得如何去尊重別人的身體，以及保護自己的方法，希望小朋友藉著對性有正確的了解，便不會對性產生好奇感，而引發不適當的行為。

📋 嚴格懲罰

在對小朋友灌輸如何去尊重別人的身體之後，我又採取了嚴格的處罰，嚴格禁止小朋友亂摸別人的身體，也不可以用言語取

笑別人的身體特徵。

📋 效　果

　　在灌輸他們正確的性觀念及嚴格懲罰之後，沒多久，班上性騷擾問題便越來越少了，雖然偶爾還是會出現一些不雅動作，不過情形比之前好太多了，我想最重要的關鍵是在於小朋友對性有了正確的觀念，而且老師的態度十分大方，小朋友就不會覺得兩性間的差異有何特別，而且會漸漸懂得如何去尊重別人及保護自己了。

偷竊事件

📄 緣　由

　　處理偷竊事件幾乎是每位老師都會碰到的問題，在我班上第一次發生掉錢事件時，沒有經驗的我，實在不知如何是好，幸好上次返校座談時曾聽及同學也曾遇到此類問題，於是我便採取他的解決方式。

📄 解決方案

我所採取的方式是請小朋友用選擇題的方式勾選出自己的答案，選擇的內容有：

1. 我沒有拿別人的錢。

2. 我沒有拿別人的錢，但是我有看到是（　　　　）拿的。

3. 老師對不起，錢是我拿的。

最後的調查結果卻一無所獲，可能是因為年紀較大，所以偷錢的小朋友功力也較深厚，不管我如何對他們進行精神號召，還是無法突破偷兒的心防，沒辦法，既然無法找出兇手，那就只好預防再發生偷竊事件，於是我便開始：

1. 要求小朋友不准帶超過五十元的零用錢到校，因為小朋友若有太多錢，便會讓人起偷竊之心。

2. 我又打電話和家長溝通這一種觀念，要求家長不要給小朋友太多錢。

3. 趁機向他們灌輸正確的法律觀念，讓他們了解，一時的貪心已經觸犯了法律了。

4. 教導小朋友須隨時注意保管自己的錢財。

📄 效　果

雖然最後偷竊事件仍持續發生，但是幸好金額不大，小朋友只需要老師稍稍安慰一下，心疼一會兒，便忘記了。因此，後來的偷竊事件通常最後的結果都是不了了之。直到有一次，偷兒居

班級經營

然光明正大的於下課時間,利用小朋友在和我聊天的空檔,偷走我所沒收的玩具卡,還很機靈的只拿走一半。雖然當場被我逮到,但是當我詢問他時,他卻還矢口否認,堅決東西不是他拿的,幸好,那時還有目擊證人,我的態度又十分堅決,在人贓俱獲的情況下,他才承認。我便趁機要他把曾經做過任何偷竊行為寫出,後來才發現他只偷物品,不偷金錢,可見偷錢的是另有其人,我還是沒有找出偷錢的真正兇手。後來,跟那位小朋友聊過,並通知家長之後,事情便算解決了,隔天收到他寫給我的懺悔信,事情也就如此落幕了。

秩序問題

📄 緣　由

記得剛接五年十三班時,我實行了很多班級政策,例如:

📋 爬格子
目的是為了鼓勵小朋友上課踴躍發言及借用他們小組的榮譽心,來管理他們的秩序。

📋3210 木頭人
當他們於上課秩序失控時,老師便大喊3210,小朋友聽到倒

數時，便須停止任何動作，直到全班都鴉雀無聲時，老師才宣布事項。我發現效果非常棒，因為小朋友會把它當作遊戲，老師又可以發揮管秩序的功效，效果真的很棒。

📖 榮譽制度

表現良好者可得到榮譽章，集十點便可換榮譽卡、榮譽章，尚可累計兌換獎品。

剛開始時，班上的秩序頗佳，別班的新老師尚會請教我有關班級經營的秘訣，但是交換教學之後，班上的國語老師及社會老師，都是溫柔並給予小朋友極大自由空間的老師，沒多久之後，一切都變了，班上的小朋友就像脫韁的野馬一般，再也控制不住了，也因此越來越多的科任老師向我反映班上上課時秩序很難控制，就連我上課時，班上也鬧哄哄的，我開始想辦法解決此一問題。

我覺得我們班的班級氣氛是屬於較外放成熟型的，也就是較活潑的班級，所以若給他們太寬鬆的學習環境，他們便會容易趨於懶散及躁亂，因此我開始採取嚴格的整頓，什麼都盯的很緊，每天都板著一張臉。不過這也是環境所逼，因為班上的懶散已蔚為風氣，作業遲交及不交的情況十分嚴重，上課時，專心聽講的小朋友實在不多，常常需要花很多時間在管理他們的秩序上，而且可以很明顯的感受到他們的學習態度不正確，所以每天去上班真的可以說是一件令人感到頭痛不快的事情。

我記得有很長的一陣子，我的情緒都很低落，甚至萌起放棄的想法，但是我發現這突如其來一百八十度的轉變，令有些已經開始叛逆的小朋友在情緒上造成很大的反感，最明顯的是一位班

班級經營

上頗有地位的領導人物。起初，他的表現是屬於較靜態的，也就是比較少來找我，因此我也不太注意，但是慢慢的，他的表現卻越來越明顯，上課的時候態度非常冷漠，不像以前會發表，對老師的態度非常無禮，經常性的用很不友善的言語回答我的問題。到最後甚至於在週記本上寫出對我不滿的事情，還寫信跟其他同學抱怨，後來我才知道原來他對我的不滿居然讓他整天心情不好。說實在的，剛獲知原來他對我有諸多不滿時，我的情緒非常惡劣，覺得非常沮喪，可是我又覺得他對我不滿大部分來自於他對我的誤解，再來有些他對我的不滿是因為我這學期態度及要求的改變，因此我選擇面對而非逃避，我告訴自己，一定要解決此一問題。

📄 解決方案

📋 意見普查

我開始在下課時間找小朋友聊天，看看他們對我的觀感如何，再順道詢問他們我是不是太嚴厲了，結果多數人認為我很溫柔，不過有些人卻很怕我兇起來的時候，所以我發現這不是我最大的缺點，只是我稍微改變了一些做法而已。

📋 不再與其他班級比較

有些小朋友反映，不喜歡聽到我稱讚別班的優點，因為這會打壓他們的士氣，所以我就不再在班上說別班有多好，反而試著多鼓勵他們。

▤ 人盡其才

其實我一直覺得班上的秩序不好，有很大的因素是因為股長選的不好，因為小朋友自己選出來的股長，大部分都是個性溫柔、人緣佳的，因此他們根本就不敢在班上秩序混亂時大聲的管理。再來，有些小朋友雖然成績不好，但是卻個性活潑，嗓門又很大，因此我想了很久，決定這次的股長，由我來選出，結果證實，換了一些負責又有能力的股長之後，班上的秩序有了明顯的改善。

▤ 與叛逆者作溝通

我開始向那些對我不滿的學生示好，並以電話、面談或寫信的方式跟他們溝通。尤其是針對那位對我非常不滿的同學，我更是寫了好多信給他，後來，慢慢的他開始會主動來跟我講話，雖然他並沒說任何致歉的言語，但是我知道，他在跟我示好，也就是阻礙在我和他之間的誤會總算解開了，也因此我心中的委屈終於化為灰燼。

▤ 效　果

從此之後，班上的秩序開始大為好轉，最明顯的便是在城鄉交流時，他們不僅集合速度快、秩序好，還能彼此鼓勵，彼此督促，讓很多老師都另眼相看呢！讓我也覺得非常感動。

班級經營

班

級

經

營

班級經營

尊重學生

黃惠玲

　　凡事站在學生的角度去想，我相信一切問題都會有答案。

一個月一次的返校座談對我來說，是最好的充電之旅！不管是心靈上的或是教學上的，每次回去都會有一些收穫。

在班級經營方面，我認為最好用的招數還是獎勵制度。小獎、大獎、形式的、實質的，只要是從老師手中拿到的獎賞，對小朋友（尤其是低年級）而言，都是了不起的事情，通常這會讓他們驕傲一整天呢！老師建議的建立獎品庫也是一個蠻不錯的作法，我也用在小朋友的身上，他們只要集滿乖寶寶印章十個，就可以兌換獎品庫中的禮物一件，因為可以自由選擇喜歡的禮物，所以對小朋友可是非常的有誘惑力呢。

不同的年級應該要有不同的獎勵方式，大孩子用小禮物來「利誘」可能不太行得通，不過我覺得，因為他們有好的表現，所以給他們一些小特權，應該可行。例如發「電腦金牌」──可以在午休時間到電腦教室上網（不過這需要配合資訊教室的管理辦法），「免寫家課金牌」（註三）──免寫家課一次。宜靜提議使用古早童趣──「戳戳樂」，我覺得很棒！在戳戳樂小格子中放置小禮物或是各類的兌換券，學生在不知不覺中也會被吸引住的。

從大家的言談中，我發現新老師的困難處並不見得在於教學，大多數是為班級經營與學生問題行為的事情在困擾。但是這兩種東西，不是光靠懂得理論就能解決問題的，需要經驗和一些方法的吧?!就我一年不到的經驗而言，我發現對付學生就是要講「好聽話」，多讚美學生，先讓正面的自我膨脹起來後，再去解決其他負面的行為問題。學生的骨子雖硬，但是耳根子很軟，不要拿教師的威嚴去和學生硬碰硬，到頭來兩敗俱傷，只會毀了威

註三：「免寫家課金牌」的使用不宜，因為寫家課有其教育上的目的，而且此舉暗含寫家課是不愉快刺激，教師又怎能期望學生喜歡寫家課？

嚴又造成師生衝突。真正能表現出威嚴的不是會打人或是很兇的老師，而是那種笑臉迎人、說好話且備受學生敬愛、尊重的老師。

　　其實人與人相處最簡單的道理就是互相尊重，通常我們處理人際關係都是這麼做的，面對學生的時候，當然也要這樣做。學生做了好的事、對的事，我們要給予最真誠的讚賞；學生犯了錯，我們也要有適度的尊重，而不是一開始就先破口大罵到學生顏面掃地再去糾正行為。凡事站在學生的角度去想，我相信一切問題都會有答案。

　　國民教育恐怕是全天下最婆婆媽媽的東西了，小學生要建立良好的行為模式，靠的不是什麼仙丹妙藥，重點就是在於教師能不能運用有效的方法，不斷的從示範、提示、糾正之中，慢慢的引導學生建立起理想的行為。

班級經營

班

級

經

營

班級經營

天使的羽翼

胡淑純

　　真愛會引發奇蹟,這是我在這一次實習中最深的體悟,每一個小孩就如同一位羽翼未豐的小天使一樣,需要大人用愛來滋潤、裝備,使其享受成長的喜悅。

班
級
經
營

　　八十九年六月鳳凰花開之際，我從嘉義大學畢業，當時對未來實習的一年，是那麼的未知與期待，我曾假想自己就如同紀伯倫所寫的先知般，開始對自己的未來做預測，然而有一件事卻是出乎我意料之外，我認識了一位住在天堂的小天使。

　　九月到實習學校時，學校除了告知相關實習事務，也請我們在這一年中實習特教工作。對於這加諸的責任，我很好奇，只知道這個孩子患有癲癇症，而我們的主要職責是協助其導師處理突發狀況。和佳穎實際接觸下，她如同其他孩子般有著天真可愛的臉孔，個性單純直接，智商不錯，然而由於癲癇症，使其腦波有時會產生變化，因而造成不定時會有空白時間。不知為什麼？佳穎對班級事務漠不關心，活在自己的世界中。在她身邊時，很明顯地感受到她距離我好遙遠。世界上最遠的距離，就是我在旁邊關心她，可是她卻不知道。我好想告訴她：大家都好愛她啊！

　　一開始，她是依賴的，我就如同她的專屬家教般，坐在她旁邊提示她下一步的動作，讓她跟得上班級的進度。由於佳穎升上小四，課程上越來越難，抽象概念越來越多，要他和其他小朋友一起做相同的事是很困難的。由於很難判定其依賴是否是因為癲癇症所造成的恍惚，進而無法跟上班級的腳步，還是只是純粹的耍賴？也由於她常鬧彆扭，因而在團體的情境中，她顯然格格不入。然而每次她看到我，一定會禮貌的向我問好。每當看到她稚嫩的臉，微笑向我問候：「胡老師好」，我彷彿看見一個天使在對我低喃，我的內心就在吶喊：「上蒼啊！為什麼這樣單純如天使般的孩子，您捨得不眷顧她呢？」隨後想到也許上天將她放置在這個位置上，自有安排與用心，我不就是這麼的喜愛她仍保有一顆純潔無瑕的心嗎？我應全力將小天使的羽翼裝備，讓她之後

能展翅翱翔。而我所要努力的即是思考「怎樣敲開她的心門，引導她願意通向外界」，如何探知其內心世界，讓佳穎從依賴過渡到獨立、適應團體生活。

在逐步探索之下，發現由於她體質上的特殊，造成適應上的不良。她不喜歡上課，因此在上學前常常會發病。在學校如果沒有人引導她，她也會時常昏睡，然而只要昏睡，就容易發病。佳穎發作時，會全身無力往後倒，全身抽搐，牙齒會咬舌頭或嘴唇，因而拿手帕讓她咬，防止她傷到自己，也必須不斷呼喊她的名字，讓其回復意識。我在其旁，除了上課鐘響將其找回教室外，引導她追上班級腳步，並防患她睡著也是必備要務，當發病時要協助處理，當她抗拒、發脾氣、突然跑出教室，須將她追回並給予開導。有一天她又鬧脾氣，直說不願意上課，離開座位想回家。當我握住她的手，心疼並哀心告訴她：「林老師、班上同學和我都希望妳好，也因而我們會對妳有所要求，我們跟妳媽媽一樣，都是好愛好愛妳的。但我們不可能永遠在妳身旁，我們好擔心妳，很怕如果我們不在妳身邊時，妳怎麼辦？會掛念妳。哪邊是妳不能接受的，一定要告訴我們，我們才能改進，好嗎？」佳穎點了點頭，隨後眼眶發紅，哭了，我用手圍住她，拍拍她的肩膀。這時我看到、聽到她內心的聲音和感情，也體悟到愛在人身上的影響。真愛無敵，因著愛才有希望與未來。

之後佳穎的情況好轉，和班導林老師商議下，我只是在旁純粹觀察佳穎，我們期望她能獨立。然現實是殘酷的，不同於童話式的劇情：從此就風平浪靜過著快樂的生活。情況好時，佳穎會乖乖在位置上做自己的事，如：畫畫；情況不佳時，有時仍會有不守規律的舉動，時好時壞。由於有一個星期佳穎發病發得嚴

班級經營

班
級
經
營

重，因而有兩天請假，並於星期六至臺北就醫。這個星期和其見面，發現她整個人又開始不聽話，常常發脾氣，堅持自己要做的事，很難要其遵守我們所訂的原則。發生這樣的狀況，真是讓人憂心忡忡！誰知峰迴路轉，戶外教學回來後，我發現佳穎變得較乖巧、懂事，一問林老師之下，才知在戶外教學時，佳穎將其照相機遺失，而全班協助其找尋，雖然仍沒有找著，但她和班上有了好的關係及默契。接續的日子裡，佳穎較能主動融入班上的活動，這樣的改變真讓大家又驚又喜。

由於佳穎在學校的生活有很大的進步，從極度依賴至不依賴，且願意和同學學習。整學期的觀察紀錄中發現，佳穎發病的時間在特定的某些時段會較頻繁，因而下學期開始，針對這些時段，我們採遠距離的觀察她，讓佳穎有較多的機會能和班上同學學習和互動。現在佳穎的狀況和以前比較之下，真的有很大的改變，雖然她的病症並不是我們所能完全控制，我們只能做到讓佳穎投入環境及儘量不發病，但我已看見她如天使般的羽翼開始成長並逐步茁壯，未來將可自由自在展翅高飛在藍天底下，相信會有這麼一天的，我深信不疑。

又到鳳凰花開時節，整個實習即將結束。在特教實習的過程中，很高興自己能盡一點心力幫助佳穎成長、分擔美玲老師的壓力。真愛會引發奇蹟，這是我在這一次實習中最深的體悟，每一個小孩就如同一位羽翼未豐的小天使一樣，需要大人用愛來滋潤、裝備，使其享受成長的喜悅。

班級經營

馴　養

洪于嵐

　　是我馴養了他們？還是他們馴養了我呢？

　　這也許不重要，重要的是：我在實習的這一年中，真的體驗到與學生建立關係的過程與成果。

　　那真是一段美麗又愉快的經驗！

楔　子

在小王子的故事中，狐狸要求小王子馴養牠，從此以後，狐狸便有了麥子的顏色；小王子也同時明白，他原先所擁有的玫瑰花，是獨一無二的，他必須為他的玫瑰花負責。

我深愛小王子這個故事，尤其是馴養的這一段，它除了說明了人與人、人與物之間微妙的關係外，它更讓我想到：教師們與學生之間的關係。

📄 九　月

我簡直不敢相信，林老師是怎麼忍受這些噪音的，這個班的學生吵得要命，坐在後面見習老師上課，我都覺得耳朵要聾了！而且他們還上課晚歸、吃東西、到處走動，一直拼命講話，根本就沒有認真在上課嘛！再看看老師的教學，儘管仍有不錯的地方，但是對於學生常規的管理，真是一點辦法也沒有！

聽曾經教過這學年的美勞老師說，這個班級是最聰明、但最難「搞」的！我看也是。學生做錯事，還會死不承認、老是在那裡辯駁，每到下課，就跑個精光，掃地工作做得之隨便啊！每天上課，我就像深處在垃圾堆裡，不得不利用學生放學後，獨自留下來掃地或拖地……。

我還能說什麼？就算我倒楣，被分派到這樣的班級實習。不

過，我這個學期難道就要這樣吵吵鬧鬧的過嗎？

不過想一想，雖然，這個班級看起來很差，學生很多嘴，不過他們卻很喜歡找我聊天，常常告訴我他們的生活情形，有時還很爆笑呢！例如：上次小廷就對我說，妙妙亂講話，一問之下，原來妙妙到處跟別人說，「小如不愛他了！」我的天啊！二年級的學生，就在大玩特玩「男生愛女生」的遊戲，問他，「你知道愛是什麼嗎？」他還回答說「知道」，但是他又補充說明：「我現在忘掉了，以後會再想起來！」

📄 十 月

九月底就開始進行教學實習，為了讓他們學會上課應有的禮節，我可是時時刻刻都在動腦筋，譬如：建立有趣的默契來吸引學生的注意，下課時常和他們聊天、關心他們的感覺與想法，掃地工作一項項慢慢盯，學生不太會做的，自己就需要做示範，並加以督導。此外，對於學生的懲罰與獎勵，我也是煞費苦心的，每週公布或選舉秩序小天使、服務小天使。我覺得在低年級，常規的建立、生活習慣的養成是非常重要的！

此外，課程內容的學習當然也不能偏廢。

我自己很喜歡做遊戲，也喜歡有變化的事物，因此在教學上，我總是想盡辦法讓上課的方式多元，希望學生們能夠以期待的心情迎接上課，甚至他們最好能集中注意力，讓學習有效果。

所以我每天上課，都像在打仗一樣，沒有分上、下課；學生回家後，還得思考常規管理與教學方式。但我教學經驗終究不夠，只好常常求助於資深的老師，請他們給予寶貴的意見，再不

班級經營

然，就只有多參考書本、雜誌上，現成的教學方式，自己多加應用在教學上。然而還是有失敗、挫折的時候，所以有時候，真不想再上下去了！

這樣渾渾噩噩的過完一個月，學生們似乎是有進步了，只要是上我的課，就會乖乖坐好，專心參與我的教學活動，只是，我也實在是累垮了！常常覺得心有餘而力不足，而身體也莫名其妙長了一些怪疹子，連驗血都查不出病因，我想也許是我累垮了吧！

📄 十一月

說起來，我們班也真奇怪，雖然只是二年級學生，但思想就是非常的早熟，和他們熟稔之後，就常常收到他們寫給我的小紙片。一樣的教學活動，我們班學生的作品也是特別的優秀，讓其他班老師望之喟然，有時還有「得天下英才而教之」的感覺呢！

不過，這群孩子除了我的課之外，其他老師的課，卻怎麼也乖不起來，尤其是上某位科任老師的課時，他們更是搞不清楚：學生應與老師保持一定的界線，結果班上學生一個個挨那位老師的打，甚至嚴重到被打兩個耳光而嚎啕大哭！看著他們弱小的身軀，我心裡有好多的捨不得，但是學校卻也沒有辦法有效處理這件事，我只好在那位老師上課時，一定留在班級看著學生，免得他們又不小心開玩笑開過頭了！

此外，最近恰逢第一次的紙筆測驗，全班學生對於那位老師任教的科目，全部考不好，然而有些家長不明白其中的原因為何，就對孩子們進行體罰。聽小柔說，她的媽媽生氣的拿鐵尺打她，結果一個不小心，小柔的手流血了，當我聽完並告訴她：

「那你的媽媽當時一定很難過吧！」小柔眼中便含著淚水，用力的點頭，並說：「媽媽那時也哭了。」

我在想，身為老師的責任究竟是什麼？教學，無可置疑是一項；教導學生做人處事的道理，是一項；還有更重要的一點，應該是要保護他們，讓他們快樂的學習與成長吧！因此，除了消極的保護他們，我也一定要好好的教導他們「如何保護自己」。

📄 十二月

十二月是個孩子們都愛過的月份，因為有耶誕節，且接連著會有幾天的元旦假期可以放，加上外校的團體會到學校發放糖果、唱聖誕歌曲，他們可是樂翻天了！

不過讓我傷腦筋的事情也來了，許多實習老師都準備送給小朋友禮物，而我究竟能送給他們什麼過過癮呢？我左思右想，到最後仍是沒有送，因為我想他們已經夠幸福了！不需要討好他們。

不過，聽他們說聖誕節的經驗，真的是非常好笑。阿才就說：「我媽媽還說什麼半夜的時候，聖誕老公公會送禮物來，……都騙我！我拿到那個餅乾，SEVEN-ELEVEN 都嘛有在賣！」看他講得天真、氣憤的樣子，讓我在心裡面哈哈大笑。

另外，這個月還有最特殊的一件事，就是帶領他們到輔導室做清掃工作。

由於輔導室的門窗、桌椅都沒人擦，非常的髒，因此，我就藉機處罰不守規矩的學生到輔導室擦玻璃，也許是在那一次擦完玻璃後，我請他們吃東西吧！從那天起，他們就常常問我：什麼時候還可以再去？結果「處罰」突然就變成「獎勵」，不管是守

班級經營

規矩、做好自己的清掃工作方面,他們都變得很努力,只為了要到輔導室擦玻璃!而且我沒請他們吃東西,他們還是搶著要來。

看看現在和他們相處的情形,都覺得生活就像在聽他們說笑話一樣,儘管還是很忙、很累,但很愉快!常常發生出乎我意料之外的事!我也因此對自己做一個低年級的老師,變得深具信心!

📄 一　月

我是很感傷、很容易感動的那種人,記得高二時,我就常為了學姐們即將畢業,在家裡想到流淚。現在比較好一點,但想到馬上就要離開這個班就捨不得,眼淚還是會當著他人的面在眼眶裡打轉!

為了迎接離別,我準備了一本小小的紀念冊,送給他們每一個人,把想對他們說的話、他們對我的印象、本學期我們建立的「默契」……,都記錄下來,並用音樂課的時間,教他們簡易的手語歌:「愛是一道光芒」。

說實在的,看他們學得那麼高興,我實在不知道:他們是不是會捨不得我離開?然而,我還是盡力介紹下學期實習的教師,讓他們有心理準備,也能對新的實習老師有好印象。這樣對他們來說,或許會比較容易適應。

待在班上的最後一天,一切都沒有什麼不同,也沒有特別的道別儀式,其實我心裡有些失望,不過,也是我準備去適應新班級的時候了!至於此點,本來就難強求學生對自己的感覺。

📖 三　月

　　換了新的實習班級，一切重新開始，所以從二月底開學，我就一直處在忙碌的狀態，不過，在忙碌之中，我得到班級學生的讚美與體貼，新的輔導老師說：「其實學生的眼睛是雪亮的，都看得到你在做什麼！」

　　輔導老師說的是真的，我在下課時間，常看到上學期班級的學生，乖乖的等在教室外面，為的就是要看我；班級中發生什麼特別的事，他們也常跑來跟我報告；早熟的他們，仍把想念我的信紛飛不斷的送到，……。我真的愛死了他們圖文並茂的小紙條了！

　　我一定要利用時間，也把我對他們的想念回給他們。

結　尾

　　寫到這裡，我開始懷疑：是我馴養了他們？還是他們馴養了我呢？

　　這也許不重要，重要的是：我在實習的這一年中，真的體驗到，與學生建立關係的過程與成果。

　　那真是一段美麗又愉快的經驗。

班級經營

班

級

經

營

班級經營

多聽、多看、多學習

陳佳瓶

　　時時提醒自己，一定要靜下心來去分
析問題的真正來源，不要只是看到表面。
每一位學生本性都是善良的，會有問題產
生一定有其來源可尋……

班級經營

時間飛快的過去，代課生涯就將滿一年了，在這段時間中，有許多不同以往的經歷與感受，畢竟再也不是學生了，而必須開始將學校中所學付諸實行，在這過程，真的有許多令人感觸無限的地方。

在一開始，知道自己考上代課教師後，心裡的緊張開始油然而生，本來實習教師雖也令人深感壓力，但畢竟還是有一位輔導教師隨時可以請教，但現在是位帶班的教師，自己就必須獨當一面，而要背負的責任是很重大的。在剛接這個班時，實在感到很頭痛，班上比較活潑，所以上課秩序很需下工夫去管理，加上自己經驗的不足，一下子學生問題行為出現、一下子又功課沒交、一下子又外區沒打掃乾淨，自己的行政工作又較重，真的令人有想哭的感覺。但自己一直告訴自己，這是重大磨練的開始，一定得加油，於是定下自己六神無主的心，開始一步步去規劃。

在上課秩序方面，學生有些壞習慣，如：上課喜歡不舉手就講話、上課做其他的事、晚進教室等。為了讓這些行為改善，於是運用小組獎懲制的力量，只要哪一小組先做好，就給予該組加分，這樣一來，學生自己會去約束自己。而在別的資深老師身上也學到一招，就是不斷的有一些口頭提示語，如：教師喊「一、二、三」，學生就喊「坐端正」。如此不斷的讓學生有一些口語或動作的提示，學生也能時時提醒自己哪些地方要注意。

有時發覺雖然在學校或在請教別的教師時，學到一些技巧，但自己還是會因為一些情緒上的因素，如：當天學生特別浮躁、學生問題行為出現較多……等，而忘記有這些小技巧可用，開始對學生較嚴格。其實學生雖然日復一日仍有一些違規的行為出現，但若能好好的跟他們說，會發現他們是在進步的。像班上在

上學期常有嘲笑別人的行為出現，但一直提醒他們要「見賢思齊、見不賢內自省」。也講了一些小故事給他們聽，請每個人站在別人的角度想，如果是自己感受會如何。一直一直不斷提醒，雖有時會因看不到成效而沮喪，但這學期卻發現，有人在嘲笑別人時，開始有學生說：「不要嘲笑別人啦！如果是你，你不會難過嗎？」而嘲笑他人的行為也較少出現了，這應該就是所有教師動力的來源吧！

除了班級常規外，另外一個重要課題就是——問題行為的處理。說到學生的問題行為，相信是每個班級都會遇到的，在處理的過程中，經驗是很重要的。說真的，在剛接觸學生的問題行為時，發現從以前書中所學的似乎很有限，真正教學上會遇到許多問題是書上沒寫要怎麼處理的。看到別的老師遇到學生的問題行為時，似乎都很輕易的就解決了，而我卻是搞的一個頭兩個大，每天見到這些問題，頭又不禁痛了起來。

經過一些時間的學習及請教他人，也得到一些心得。自己一開始遇到學生的問題，因為經驗上的不足，只是看到問題的表面，而就表面去處理事情。不管我所使用的處理方式是用鼓勵或告誡，大多沒有談到學生的真正問題，所以學生也感受不到我要傳達的意思。

班上幾位學生，如：小峰，一開始覺得他上課老是不專心，常常魂不守舍的，幾次跟他說，他的態度仍是一副漠不關心的模樣，真的很讓人生氣。最初也是好好的跟他說，但後來有一次我實在忍不住了，大罵他一頓。那一陣子，師生關係可說糟到極點。後來靜下心來想想他到底為何如此，聯絡簿上也一直與他的家長說明他的情況，但怎麼都沒改善？經過一段時間，知道他是

班級經營

個單親家庭的兒童，與父同住，而父家中的長輩似乎一直反對其與母親的接觸，加上他的耳朵因曾受過傷，所以聽力有些問題，種種因素，讓他在學業上、聽課上有了這樣的反應出現。但我之前並未去探究事情的根源，只看到學生浮在檯面上的問題，而去處理。結果並沒有解決問題，反而產生出其他的問題。

經過些許時間，雖然自己在處理學生問題上還是有一些不當之處，但會時時提醒自己，一定要靜下心來去分析問題的真正來源，不要只是看到表面。每一位學生本性都是善良的，會有問題的產生一定有其來源可尋，而教師這時一定得拿出自己的耐心與愛心，與學生共同解決問題，這樣也才能得到學生的信賴，進而願意分享、面對問題。

當然除了一些上課的秩序、學生的問題行為……等，還有一個要面對的課題。學生來上學的目的就是為了學習，在師院中，最常與同學討論的就是各科的教法，什麼科該如何教、什麼方法可提升教學效果，但一出來真正教學，會發現還是有許多問題存在，而各科所要面臨的問題也有所不同。

首先提到數學科（就三年級來說），數學科現雖希望能用建構式教學來進行，但會發現一個班裡面，有的學生可用建構式教學來教，有的卻能力有限。最常碰到的幾個問題大致如下：

1. 與安親班老師所教不同，學生易搞混：

三年級的學生還是無法較明白清楚的分辨邏輯事物，常常在教數學時，可能與安親班老師或與家長所教方式不同，學生就無法接受或是搞混，所以還是得替他們整合，或再將各種不同的說法解釋一遍，學生才能接受。

2. 學習能力較低的學生，在語文的理解力方面就有問題，連

　　帶的影響到對數學的學習：

　　有些學生，本身語文程度還未到三年級的程度，在上數學課時就更顯得吃力，他根本聽不懂老師所說的話，更何況是數學的學習。所以遇到這種學生，只能利用下課時間為他們加強語文能力，而數學只有挑他們聽得懂的部分不斷加強，儘量讓他們能加緊腳步跟上別人。

　　3.學生及家長還是受成績與升學導向影響，數學學習只關心
　　　「要不要考」：

　　在上數學課時，常常為了加強學生的理解力，而設計一些理解性較重的問題，但常常在教的過程中遇到令人沮喪的結果。學生只關心這題數學是不是會考，而不去思考其中的道理所在。然而我還是不斷的提醒學生，能活用數學，不要只是死背，這樣才是長久之計。

　　除了數學科外，國語科也有些問題存在。之前雖試教實習過，以為國語科照著所設計的活動教學，大致就沒問題了，但後來才發現，學生在接受一個新的學習項目時，並不是表面看到他們有回答就代表理解了，往往需要老師一講再講，他們才能把所學內化。這時教師就得存著無比的耐心，每講一個東西，一定不厭其煩的多說幾遍，這樣才能讓學生將所教吸收進去。

　　除了國語、數學，還有社會、道德……等科目，在一開始教學時，發覺自己真的還得再多加油，多學習一些教學技巧。一直以為仰賴以前所學，應該有幾成的把握做好教學，但真正上起課來，還是有許許多多的外因，而需要調整自己的教學。這些都得靠自己去多學、多看一些東西來充實，也要時時抱持著謹慎的態度教學，才不會有所疏漏。

班級經營

前面所說的種種，都是這些日子以來的一些感想與心得。從幾年前知道自己即將進入師院就讀，有了以後會當老師的心理準備，不斷的在學校中學習各種課題，一直到現在真槍實彈的上場教學，中間的落差頗大。但從中整理出一些要點，時時不斷惕勵自己：

📄 要有愛心

在與學生相處的這段期間，每天所要面對的教學課題種類可說包羅萬象，有時自己在面對時，可能因為學生的種種問題一再出現，而呈現疲乏、厭倦的狀態，忘了去對學生付出愛。而孩子卻是心思敏感的動物，他們可以感受到教師所有的情緒，這些情緒也深深的影響他們，所以真的不可忘記時時付出自己的愛心。

📄 要有耐心

不可否認一位國小教師在面對一個班級時，所要處理的事務是很煩雜的，常常自己會在此時，忘了多保持一些耐心。而在忘記保持耐心的同時，學生也可能因此受到不好的影響，所以不管是在教學或是其他方面，多一份耐心，也讓學生多受益幾分。

📄 多聽、多看、多學習

教學的經驗可說是教學最需要的東西，在這一年中，我遇過大大小小的困難，每次都不斷尋求各種管道解決問題。而這些過

程，都靠自己多多去學習。如能時時提醒自己去學習一些新的知識，會發覺自己的教學也能更進步，這樣教學相信就能更加上軌道了。

　　以上所述，雖多繁瑣，但卻是我心有所感而發。仔細檢視自己，在當教師的這條路上，還是有很多缺失需改善。不論如何，這實習的一年來，所看所學，一定會牢記於心，也期望自己能一天比一天進步，真能成為一位「教師」。

班級經營

班

級

經

營

班級經營

背稿風波

汪詩盈

　　現在我真的體會到，原來人真的需要被鼓勵、稱讚，大人如此，小孩亦然。更何況小孩是最純真的，只要一句短短稱讚，馬上可以讓他們高興的飛上天，所以身為老師的我們，應該多鼓勵、讚美學生。

這學期已經過了一半，離代課結束的日子也越來越近了。回想起初任教時那種惶恐不安的心情，心裡不禁莞爾，總覺得自己讓人家第一眼看到就知道是實習老師。

記得剛開始時，因為是新老師，總想做出一番成就來，因此對學生們的要求總是很多，但學生們似乎沒什麼改變，依然故我。他們剛升上三年級，分班換上新環境，那時還是適應期；而我則是剛畢業的菜鳥，我也和他們一樣，也是在適應環境，兩方都還在摸索中，一切似乎只有一個「亂」字可以形容。因此剛開始時我教的很灰心，我覺得自己似乎不適合成為一位老師，後來發生了一件事，改變了這個情況。

學校有一個全校性的活動──巡迴演講，就是每班的學生都要到其他班做演講。在輪到我們班的一個月前，我就開始要他們背稿子，每個禮拜我都會驗收他們背的成果。結果在演講前的一個禮拜，還是有十幾個人沒背好，有的甚至連背都還沒開始背。中午午休時，我把他們叫過來背，結果他們也是拖拖拉拉的，我受不了了！於是我發火了，把他們臭罵了一頓，把平時他們種種的壞習慣一次講完。我覺得我那麼辛苦，每天叮嚀大家背，大家居然連最基本的學生本分都做不到。我真的是越罵越火，後來暫時離開教室冷靜一下，因為當時我已經氣到心跳加速、呼吸急促了。

當我再回到教室時，我發現班上有許多人都哭了，因為他們覺得內疚，當時我真的失望、灰心到了極點，不僅對他們，也對我自己。可是當我隔天看聯絡簿時，我看到了小朋友反省的話、看到家長的加油打氣，我才重新振作起精神，我想：最起碼我要將他們這一年帶好，這樣後來接手的老師才不會太辛苦。

於是，我採用了獎勵的方式，並且和學生一起討論班上最近有哪些地方表現得不好，並提出解決的方法。我發現當學生自己提出時，他們也都能確實察覺到並加以改進。到了下學期我仍然沿用這種方式，一有失常的地方，我馬上提出來討論，並且告訴他們一些道理。這學期我發現學生們都有了進步，這是我最高興的地方。

我想，身為一個老師最大的成就感，就是看到學生的成長及進步，當然這種改變不是一蹴可及，而是慢慢的變化。此時，老師千萬不能心急，要有耐心並且持續不斷的去改變他們。

說到我們班的家長，我真的很感謝他們，像我前面所提到的「背稿風波」，很多家長就留言來鼓勵我，後來班上漸漸有進步之後，他們也不吝嗇的稱讚我，讓我更加有信心。現在我真的體會到，原來人真的需要被鼓勵、稱讚，大人如此，小孩亦然。更何況小孩是最純真的，只要一句短短稱讚，馬上可以讓他們高興的飛上天，所以身為老師的我們，應該要多鼓勵、讚美學生。在代課的這些日子以來，我深深覺得在教學的這條路上，只有一個人孤軍奮戰是很辛苦的，若沒有人從旁協助你，真的是會忙得焦頭爛額。所以現在都很需要藉助家長的力量，像是幫忙布置環境、訓練學生打掃、舉辦活動或是闖關遊戲，這些光靠老師一個人的力量是不夠的。也就是如此，現在的學校都很強調班親會的組織。

再者，教師與教師之間，也是需要互相幫助的。大家集思廣益，共同去設計單元主題的活動，除了可以讓教材更貼近生活、更加實用之外，也能讓教學更活潑，而學生從實作中去學習、成長，如此一來，學習不再枯燥乏味，學生也會越來越喜歡上學。

班級經營

　　其實，我覺得教書是個很多采多姿的工作，每天都會有新鮮事發生，不管是好是壞。而且，為了教學的需要、為了因應這個資訊爆炸的時代，老師們要隨時吸收新知，然後傳授給學生，或者是解答學生所提出的各種千奇百怪的問題。我很喜歡這種追求新的資訊的感覺，因為我也從中感覺到我的成長，這也許就是「教學相長」吧！

　　我很慶幸我來到了一個好學校，這個學校裡的老師們都很親切，而且我們這些實習生若有問題請教他們，他們都會很熱心、認真的指導我們，因此這一年我收穫蠻多的。當然，有許多部分仍是我必須再努力的地方，但是我相信，經過了一年的磨練，我一定比之前更成熟了！我也更有信心成為一位稱職的老師。

班級經營

甘之如飴

黃雪雲

「快樂的老師，經營出一個快樂的班級。」班級的孩子快樂與否，則是從學習過程中表現。期許自己再接再勵，成為一個快樂的老師。

班
級
經
營

前　言

　　時間過的真快，沒想到我踏出學校的時間也快一年了。很幸運的能夠到大同，以實習教師身分代理擔任三年級的老師，展開我另一階段的學習旅程。回首這一段日子以來，有許多點滴滋味在裡頭，可以用一連串的驚嘆號來形容，而我也有訴不盡的感激在其中，不論是學校、家長、學生都給我許多的包容，以及學校行政人員、老師的指導與鼓勵，讓我可以不斷的學習成長。

教學實習

　　從接過一個班級開始，每天都有許多挑戰：一早踏進校門，走進教室，看著每一張臉孔，迫不及待的想著今天有哪些事呢？有需要立刻處理的狀況嗎？課程吸引孩子嗎？有沒有新的點子呢？哪些人用具、課本、功課又沒帶？

　　一連串的問題不斷而來，面對各不相同的孩子，老師都必須不斷的掌握，給予孩子適當的協助輔導；面對層出不窮的狀況，還需不斷的自我調適，多想些點子來化解各種問題。

　　還記得自己剛開學時手忙腳亂的模樣，經過不斷的改進、嘗試後，我和這些孩子也逐漸的成長。

　　學生們剛升上三年級，有許多事要學習自己來、自己做，像是要自己去抬菜、要排隊伍去升旗、要學的科目更多、更豐富……等等。對孩子來說，這些都是新的學習，而老師就要指導孩子如何去做、去學習。以下是我在教學實習方面的心得：

📄 分組學習

　　本班採用的座位編排方式是分組坐。分組學習會使孩子有較多的互動，新教材教學也較適合以分組學習的方式進行。然而其缺點是孩子的意見多、愛說話，需要常提醒孩子自我克制。

　　分組學習可以讓孩子有機會學習他人的優點，並讓能力好的學生去幫助別人，可使學習更有效率。而在學習過程中，彼此互動，由討論、交換意見等，呈現了活潑的教學氣氛，讓學生多變化式的學習，提高其學習興趣。

　　此外要經常更換組別，讓孩子有更多相互接觸的機會。

　　不過在進行分組學習時，老師要多設計一些須透過討論的題目，讓孩子能交換意見，互相分享。我覺得自己在教學時，設計的開放性問題不夠多，應該多給孩子多元的思考空間，可以激發出更多不同思考方向，而不拘泥於單一答案的回答。

📄 教學策略

　　在進行教學時，讓我體會最深的便是班級秩序的掌握，如果學生不專心，那麼學習效果就有限了。在課堂中要注意下面幾點，會使老師更有效的教學。

班級經營

班級經營

保持桌面乾淨

開始上課時，要求學生將與這節課無關的用具收起來，並要他們檢查桌椅、地面是否整齊、乾淨，再坐好等待老師上課。這即是「收心」，要學生有「上課時間到了」的體認，而不必要的東西收起來，也能減少他們分心的機會。

先發問，再指名

提問題要多變化，開放性與封閉性的問題都有，讓學生都有機會回答；並且注意先提問，再指名，學生會比較專心回答。回答問題的學生要給予立即性的回饋（口頭讚美、分組競賽等），學生的意願會提高。此外，提問後要耐心的等待孩子回答，讓孩子有思考的時間，我覺得自己在此方面還是欠缺耐心，應該改進，以免造成孩子學習時的挫折。

走動式教學

老師在學生練習、討論時，要巡視學生的情形，一方面能使不專心的學生集中注意力，另一方面還能發現學生問題，給予個別指導，所以這方法是很棒的喔！

多元化的教學

這便是老師對教學技巧的運用了，多給學生參與的機會，使用不同的方式呈現教學，吸引孩子注意，那麼他們就不會覺得無聊而在下面玩起來了。

▤ 運用各種教學媒體

三年級的學生要做抽象思考還是需要時間去轉化，那麼多給孩子具體物，或是提供日常生活相關的經驗，學習就不會那麼艱澀啦！所以可以利用實物、圖片、影片等教學媒體輔助教學，也是很好的教學策略之一。

▤ 回家功課

家庭功課是多元學習的拓展，而週休二日也已經開始實施，因此平日除了紙筆抄寫以外的作業外，我還會讓孩子做些其他的活動。例如：和家人一起做家事、課外閱讀、參觀活動等等，或是配合節日（清明節、聖誕節……）、時事（選舉、地震……）做學習單或是和家人分享想法。

從這些靜態或動態的活動中，可以看出孩子的想法、意見，和家人的關係會更親密，對時事、生活的體驗也更加深刻呢！

當然囉，作業出的太難是累了家長，出的太多是忙了老師，因此要有適當適量的作業，並且針對不同程度的學生給予期許，也是很重要的喔！

參與班級經營情形

班級是學生白天活動的場所，環境需要布置，學習必須有

127

效，班級經營的好壞對教學品質有決定性的影響。

　　剛開始當老師，最容易遇到的挫折便是班級經營了，要有良好的師生互動才會有良好的學習效果。我覺得在班級經營的部分，我仍必須不斷去學習改進。在課後與許多老師分享教學心得，檢討自己的班級經營以及教學技巧，還有參加學校及校外的研習，都使我收穫不少。以下是我在班級經營部分的心得：

📄 師生互動

　　帶領班級一定要先帶孩子的心，否則學習效果減低，孩子也會適應不良。所以要讓孩子知道你是喜歡他的，讓他對班上產生認同感。

　　上課鈴聲一響，要求孩子將課本、習作準備好，坐好等老師進教室，這樣有好的開始，才能專心上課。

　　老師還要有許多招術，不斷的出招來面對孩子的各種狀況。這一段期間在面臨孩子的各種情形時，我不斷的想，要用什麼方式會更有效率，覺得這是身為代理教師的優點之一，能有很大的發展空間去學習，當然孩子的配合也使我學習不少。

　　此外，教學方法新奇多變化，也是有效學習的方法之一。上課時，老師少說、學生多做，多讓孩子分組學習、彼此互動，多給予孩子讚美，會使孩子更有信心喔！

　　還有，不要吝惜給孩子表現的機會喔！還記得剛開學時，我把一堆事情攬在身上自己做，連上廁所、喝口水的時間都沒有。其實孩子都很樂意幫忙，只要先指導事情的要領，那麼他們都是很好的幫手呢！一方面能培養他們的處事能力，增加其自信，另

一方面我也省下不少力氣，何樂而不為呢？

📄 教室布置

教室是師生在學校相處時間最久的學習場所；而教室布置，是教師和孩子可以共同揮灑的空間。

記得剛開學時，一堆事情讓人兵荒馬亂，即將來臨的懇親會總不能讓教室空著吧！對於這個教室也有許多的期許，這可有許多空間等著我和學生們去發揮呢！

因此，我先規劃了下面幾個主體，請孩子共同參與去布置：

📘 學習列車
包括「國語」、「數學」、「社會」等各科教學單元資料。

📘 公布欄
張貼學校資料，以及班級有關訊息。

📘 我們這一班
孩子的照片、生日、興趣等。

📘 榮譽榜
用來公布孩子的表現，表揚好學生。

📘 我的作品
學生的作文、美勞等作品。

班級經營

🔖 標　語

用靜思好語來鼓勵學生。

🔖 每日小故事

每天張貼一則故事供同學觀賞。

在剛開學時，我請學生準備色紙，一起製作愛的小屋，並將他們最得意的照片帶來，就在剪剪貼貼製作之下完成了。

「哇！教室變漂亮了呢！」「你看你看，士瑋的樣子很酷呢！」「今天的故事介紹的是魔法屋呢！」聽孩子讚嘆的聲音，好奇的眼光，這便是老師最滿足的時刻了。

不過由於美勞課是科任老師擔任，每每看到他們的作品，我都忍不住用羨慕的眼光看著，但是常忘了將孩子嘔心瀝血的作品留下來展示，真是可惜，一定要改進才是。

📄 教室整潔

只要一進入教室，目光一掃，映入眼簾的便是教室的整潔與否；而維護活動場所的整潔，也是生活教育的重點。

剛開學時，我先將教室及外掃區的部分分成六大組，再抽籤分配掃地工作，但實施一陣子後，發現孩子對自己的工作常有抱怨，或敷衍打掃。經過了解之後，改成讓孩子自己選擇掃地工作，那麼他便會因為是「自己做決定，並決定負責任」而工作，再由組長負責監督，效果便好多囉！

此外，上課時花一點時間請學生檢查周圍有無垃圾，放學時整理抽屜，讓學生養成將用具定位及清除不必要物品的習慣。雖然這些只是小舉動，但大部分能讓孩子因此養成良好的生活習慣。

還有在剛開學時，我常會因為看不慣教室地上的小紙屑而留在教室打掃，結果沒多久又髒亂了，真是讓人灰心。不過沒多久，我便學習到在放學前讓學生再檢查桌椅及地上的垃圾，這效果就有如事半功倍，好極囉！

晨間活動

所謂「一日之計在於晨」，這麼美好的早上，當然不能讓它白費囉！

早餐時間

孩子來自不同的家庭，有不少學生是拿著早餐進校門的，所以開放晨間時間讓孩子吃早餐，慢慢的享用，才會有活力喔！

功課、作業的彌補時間

孩子偶爾還是會有「寫不完、忘了寫、身體不舒服……」等擔誤作業的情形，因此讓孩子有彌補的機會，在正式上課前快點補上。

靜思語故事

每週二天，我會利用小故事或生活中的事例，引用一句靜思語抄在黑板上，讓學生藉此認識生字新詞，做生活檢討。並配合

班級經營

學習單，發表自己的想法及實踐心得。

在心得寫作的部分，孩子若文字表達較弱，可選擇用畫圖的方式呈現，每每看到他們慧心的文字及有趣的連環圖時，不禁使人莞爾一笑，也能了解孩子是否真的體會故事的涵義；不過親身實踐力行這方面，就需要長久的浸濡，才看得出成果。

📖 義工媽媽時間

週二、五老師開會時間都會有熱心的義工媽媽來帶活動，有了他們的幫忙，晨間活動的內容更豐富，孩子可以聽到好聽的故事，做做有趣的遊戲等，有了義工媽媽的加入，真是幸福啊！

📖 小組表演時間

當然囉！孩子各有天分，可不能錯過讓他們表演的機會啦！所以每週安排一組表演，再讓其他組學生評分，增加彼此的互動，也是活動之一。看孩子在臺上吹直笛、說笑話等，好不熱鬧呢！

📖 生活公約

太多的班規反而會造成執行上的困擾，或形同虛設，所以班規是定出來讓班上一起遵守的遊戲規則。而遇有問題時再共同討論解決之道。

和學生討論哪些是優點及缺點後，做成一張表格，記錄一天的表現情形，一週之後再做整合，並採用分組競賽以及個人競賽的方式實施。同儕之間相互約束並鼓勵，每週檢視自己與整組的

表現，便可一目了然囉！

　　還是覺得每天都會有一些小狀況出現，當孩子之間有爭執時，一定要公平處理，糾正其錯誤的行為；而當大狀況出現時，還要多感謝其他老師給予的幫助與指導，否則自己還真不知如何是好呢。

　　多給孩子讚美也是非常重要的，但是我覺得自己這方面要再加油。多給孩子肯定與鼓勵，會使他們更有信心的。

配合節日進行活動

　　每當有慶生會、同樂會等活動，是孩子最期待的時候了，還有水餃大會、三明治DIY、水果汽水總匯等等，點綴了生活，一連串的回憶都使班級氣氛更加融洽，還有熱心的家長參與，這是最甜蜜的時刻了。

　　運動會裡頭的小印地安人，鄉土教學時放風箏、古蹟巡禮、英語闖關等活動，讓孩子有不同的學習方式，對生活產生不同的體驗，提高學習的樂趣，何樂而不為呢？

　　配合聖誕節時的許願卡、感謝活動，春節來臨時製作春聯，看著孩子一起布置聖誕樹、貼著自己所寫的春聯時滿足的表情，節日的氣氛就傳達出來囉！

班級經營

與學生家長互動情形

班級經營

📄 親師合作

現今的教育是無法將家長摒除在外，自己關起門來教學的。和家長的互動增加，建立互信的基礎，有問題時才好溝通。

因此，我在開學後經過一段時間的觀察、接觸，對家長稍微了解之後再進行溝通，認識家長並善用資源。除此外，還需多利用正向的學習活動讓家長對老師的班級經營產生信心，例如：和家人共同做家事，和家人一起安排週休二日活動等，使家長參與並關心孩子的學習情形。

除了電話、親自探訪外，聯絡簿是很好的互動方式，並且要注意和家長溝通時能多讚美孩子，褒多於貶。

和孩子相處這段日子以來，發現家庭教育真的很重要，父母對孩子的生活態度及學習情形影響良多，通常品性或學業適應不良的孩子，家長也較疏於注意孩子，老師需較費心，所以囉！當家長願意配合老師的話，那會輕鬆很多喔！

行政實習

　　我的行政實習是參與校刊的製作，大同的老師很多，並且人才濟濟、臥虎藏龍，許多有經驗、創意的老師都在校刊製作的行列中，使我這個新手學習不少。除了共同討論、提供意見之外，我負責的是三學年的校刊收稿，這項工作很輕鬆，而且大家都很配合，所以大致沒什麼問題。

　　在討論的過程中，我學到了如何整合並分配工作的過程；此外電腦的使用率逐漸頻繁，所以使用電腦來進行校刊製作已是一種趨勢，老師也可以利用班上的電腦高手來幫忙，所以囉，以後看到的校刊，會具有人性化及科技化的特色。

　　很感謝能有多種的學習機會，以及許多老師的指導及協助，也期許自己能多參與各種活動，增長經驗。

自我省思

　　放學了，看著孩子一個個背著書包離開教室，終於鬆一口氣，檢視這一天的情形，把自己的心情稍作調整，再踏上回家的路途。

　　想想自己為了他們的健忘，而成為嘮嘮叨叨的老師；在他們

不專心時，又成為孩子眼中的惡魔；但站在講臺上，滔滔不絕說故事時，孩子專注的眼神，是老師最有成就感的時刻；下課時，孩子吱吱喳喳圍著你談天時，好不熱鬧。我想這便是許多人對教師這份工作甘之如飴的原因吧！

成為一個專業的教師，要能不斷的反省檢討、自我充實、自我調適。

老師需要不斷進修，開放心靈後，才能樂為人師。參加研習活動，可以重享當學生的樂趣，還能夠吸取新知或經驗交流，有心得分享的樂趣。每每參加一項研習，都會有不少收獲：在各科教材教法的研習中（鄉土、國語、英語等）能增進教學知能；參與靜思語教材研習活動時，看到許多充滿著教育愛的老師，讓人如沐春風；參與網路資訊教育研習，學習做自己的網頁，有機會秀秀本班的照片、活動、作品等，提供了我們另一個展現的空間；還有災後心靈重建、防災安全講習、圖書館利用教育等多元的研習，都讓我在不同的領域有所接觸及收獲。

除了研習外，旅遊也是增廣見聞的方式之一，還能舒展身心，抒解壓力。在學校舉辦的老街巡禮、橘園美術館之旅，都是知性與感性兼具的，還能促進同事間的感情，真是不錯。週休二日時，我也喜歡到戶外走走，另外還安排一些時間去學學自己有興趣的東西；我也喜歡到書店逛一逛，買幾本書當自己的精神食糧，尤其是教育、教學活動設計相關的書，充實自己的寶庫。

「快樂的老師，經營出一個快樂的班級。」班級的孩子快樂與否，則是從學習過程中表現。期許自己再接再勵，成為一個快樂的老師。

班級經營

足　跡

林佳慧

　　我們的一言一行、一舉一動，都會映
射在他們純真的心中，這份影響也許是短
暫的，也許是一輩子的……

班
級
經
營

　　回想起當初還在考代課老師時的戰戰兢兢，到如今深深體會出教學「經驗」的重要性，這一年心情上的轉變以及身分的轉圜，果真是百感交集呀！

　　對於才剛步出校園的我來說，獨自帶一個班級，無庸置疑的是一項嚴苛的挑戰，但我想我並沒有在這一年中，輸掉了我的教育熱忱；反而讓我更能堅定的相信，身為一個教育工作者，我所要做的是，要對得起自己的良心，以及盡心力去幫助孩子們。

　　由於，在學校時選修教資組的緣故，三年級時就已經有上臺試教的經驗了，因此站在講臺上，對我來說並不是件難事，但是要如何做好班級經營，卻令我手忙腳亂。我想既然自己對這一切是陌生的，那麼就要更勤於請教他人。學校裡的老師對我們這群新手也頗多照顧，不僅傳授了很多帶班的技巧和方法，還會適時的指導我們。此外，再加上以前在學校所學的，一點一點累積，這些都是我日後帶班的秘訣呢！經過一個學期的試煉，我發覺這學期我在班級的管理上，的確有進步，但我想還是有很多不足的地方，需要再多向他人請益。

　　我在班級裡採用了小組式的教學法。一來是便於管理秩序，二來是可以讓學生培養團體合作的精神，但我發現有時處罰時，好的學生也會受到牽連，這一點是我所疏忽的地方。於是，輔導老師建議我可以除了評比團體分數之外，還能再評比學生的個人表現，以彌補團體競賽的缺失。現在班上所訂定的獎懲制度，是我和學生在學期初共同討論出來的，實施到現在算是相當成功，尤其是在上課發表這方面，我會利用獎懲制度，讓學生們在上課時有更高昂的參與感及成就感。畢竟教學不是唱獨腳戲，不妨添加一些引誘的因子，讓學生真正能夠「主動的學習」。

在上學期時，很多事情我都不敢放手讓學生去做，怕他們無法完成，但這學期，我開始慢慢的培養他們自我責任感，放手讓他們去做。經過一次兩次之後，學生的確都能夠完成。其中，最讓我感到欣慰的是，在打掃時，他們只要做完自己的工作後，還會主動去幫別的同學，這樣自動自發的精神，真的令我好感動喔！我想帶一個班就如同帶一支軍隊，要有賞罰分明及明確的規定，千萬不要「朝令夕改」，因為這樣不僅會讓學生分不清規定為何，也會讓學生對於老師的信任感大大降低。

在輔導學生方面，我十分重視「家庭聯絡簿」的功效。聯絡簿是老師和家長之間溝通的橋梁，我會把學生在校的表現及需聯絡的事項，藉由聯絡簿通知家長；而家長也利用此管道，把學生在家的情況告訴我。唯有兩方面的密切配合，才能真正發現學生的問題，及早解決。在上學期時班上有兩位學生，為了要參加直笛隊的練習，而向父母親說謊，後來經由我和家長一起對質才戳破了學生的謊言，還好及早將學生導回正途。經過這次事件後，我也更注意和家長的聯繫，防範問題於未然，以免學生走入歧途。

有時在和大學同學聊天時，免不了都會談到自己所帶的班級，大家也會趁聚會時交換一下班級經營的方法、教學上的困擾或喜悅。我發現帶高年級的老師，除了老師的身分之外，更需要扮演「亦友」的角色。在我的班上，我常對學生說：「你們已經是五年級，是大孩子了，所以應該要更能分辨是與非。」對於班上的孩子們，我都是先採用說理的方式取代責備，因為如果只是一味的責備，不但會得不到學生的信賴，反而會疏遠了老師與學生之間的距離，而且，問題並不會因此就解決。不過，老師和朋友間的分寸還挺難拿捏的。

班級經營

班
級
經
營

　　經過了一學期的磨練，許多事情也漸漸上手了。不論是管理班級的常規或是教學上，從一開始的毫無頭緒，到現在的按部就班，我想這些就是經驗的累積吧！而這些寶貴的經驗，是以前在教科書中所找不到的。雖然，剛開始時真的覺得壓力大到快受不了，但一看到學生那張張純真的面容，我開始慶幸我曾在他們的生命回憶中，留下足跡。

　　上次學校校務評鑑時，督學提及了教師角色在社會安定上的重要性。她說：「我們就像孩子心目中的偶像一般。」我們的一言一行、一舉一動，都會映射在他們純真的心中，這份影響也許是短暫的，也許是一輩子的。既知如此，身為小學老師的我們又怎能不時時警惕自己呢？也許，我無法教會每一個孩子所有的知識，也許，我無法幫助到所有的孩子，但我要求自己對學生的任何影響都不該是負面的。

　　實習的這一年是我們驗收以前在學校所學的時刻，面對任何的挑戰，唯有不斷的加強自己的內涵，才不至於被淘汰。因此，教師的研習進修是必要的，尤其是處在資訊發達的時代中，我們更應像海綿體般，不斷的吸收、不斷的成長，唯有先充實自我，才能教育我們的下一代。在這一年裡，我想我是更堅定了自己的教育熱忱。雖然，我還是有不足的地方，但是，我想我心中的那份熱忱，會促使我繼續朝向成為一位優秀教師的路邁進。

國家圖書館出版品預行編目資料

班級經營：致勝實招與實習心情故事／鄭
麗玉編著.
--初版.—臺北市：五南，2002 [民91]
面；　公分
含參考書目：面
ISBN　978-957-11-2743-9（平裝）
1.教室管理　2.教育-管理及輔導
527　　　　　　　　　　　91000866

1IHT

班級經營－
致勝實招與實習心情故事

編　　著 － 鄭麗玉(383.1)

發 行 人 － 楊榮川

總 經 理 － 楊士清

總 編 輯 － 楊秀麗

副總編輯 － 黃文瓊

編　　輯 － 吳燕萍

出 版 者 － 五南圖書出版股份有限公司

地　　址：106台北市大安區和平東路二段339號4樓

電　　話：(02)2705-5066　傳　真：(02)2706-6100

網　　址：http://www.wunan.com.tw

電子郵件：wunan@wunan.com.tw

劃撥帳號：01068953

戶　　名：五南圖書出版股份有限公司

法律顧問　林勝安律師事務所　林勝安律師

出版日期　2002年3月初版一刷
　　　　　2020年1月初版七刷

定　　價　新臺幣230元